岩 波 文 庫

34-116-11

功　利　主　義

J. S. ミ ル 著
関 口 正 司 訳

岩 波 書 店

凡　例

（1）　本翻訳の原著は以下のものである。
John Stuart Mill, *Utilitarianism*, 4th ed. London: Longmams, Green, Reader, and Dyer, 1871. 当初、雑誌『フレイザーズ・マガジン』に連載され（一八六一年）、一八六三年に、一冊にまとめられた本として公刊された。この初版の後、一八六四年に第二版、一八六七年に第三版が出ている。底本とした第四版は一八七一年に出版されている。これがミルの生前に刊行された最後の版となった。各版の異同は、トロント大学版『ミル著作集・第一〇巻』に収録されている原書テクスト（第四版を底本としている）に明示されているので、それを参照して確認した。J. M. Robson (ed.), *The Collected Works of John Stuart Mill*, Vol. 10, University of Toronto Press, 1969. ただし、版を重ねた際の修正の大半は小規模で、趣旨や内容に重要で本質的な相異を生じさせるようなものは見当たらなかったので、ごくわずかな場合を除いて訳注に示すことはしていない。なお、第四版のテクストは、インターネット上でアクセス可能になっている。以下のリストを参照。

Online Books by John Stuart Mill　http://onlinebooks.library.upenn.edu/webbin/book/search?author=Mill+John+Stuart&amode=words&title=&tmode=words

（URLは二〇二一年二月現在のもの）

（2）　附録の原著は以下のものである。

John Stuart Mill, *A System of Logic: Ratiocinative and Inductive: Being a Connected View of the Principles of Evidence and the Methods of Scientific Investigation*, 8th ed. London: Longmans, Green, Reader, and Dyer, 1872. 初版は一八四三年であり、底本とした第八版が、ミルの生前に刊行された最後の版である。ミルは各版でさまざまな加筆修正を行なっている。本訳書で訳出した部分での大きな変更としては、附録・二で、パラグラフ一つ分の差し替えが行なわれている。これに関しては、訳注で変更部分の訳文を示した。なお、節ごとのタイトルは、原著では目次に示され、本文では省かれているが、トロント大学版『ミル著作集』や先行訳では、読者の便宜のために、本文に繰り入れている。これは有意義な慣行であるので、本訳書でも取り入れた。ただし、先行訳とは異なり、補注であることを示す〔　〕は省略している。

（3）　本翻訳は、専門的な研究者よりも一般の読者を念頭に置いて進めた。これを基本方針として訳文や訳注を作成し、その際、特に以下の点に配慮した。

①ミルの原文には、ことさら特殊な概念や専門用語はほとんど使われていないが、長文の複雑な構文である場合が少なくない。そのため、いわゆる直訳調の訳だと非常に読みにくくなる。そこで、訳文では、適宜、文章を切り分けたり、訳出する句や節の順序を工夫したりするなどの対策を積極的に講じた。

②原文では、一つの長いパラグラフに、関連する論点がいくつか含められている場合がある。訳者の側が改行によっていくつかに分割することは、できれば避けたいところだが、読みやすさという観点を優先し、必要と思われる限りで改行することにした。

③原文中の代名詞の指示対象は、原文の文脈の中では十分読み取れるものの、長文が多いこともあって、訳文の場合には、読み手の側で把握がむずかしくなることも少なくない。そこで、本翻訳では、必要に応じて、代名詞を具体的な指示対象を示す名詞に置き換えた。

④訳注は、短いものは訳文中に〔　〕という形で示し、長いものは巻末にまとめて示した。なお、ミルが原文中で直接間接に言及している著作の出典については、トロント大学版で付されている編者注を参考にして訳注に加えた。

（4）原文の中で、強調のためにイタリックになっている部分は、該当する訳語に傍点を付した。

（5）訳出に際して、以下の既刊の翻訳を参照し参考にさせていただいた。記して謝意を表したい。

『功利主義論』井原吉之助訳、『世界の名著・三八』(中央公論社、一九六七年刊)所収。

『功利主義』川名雄一郎・山本圭一郎訳、『功利主義論集』(京都大学学術出版会、二〇一〇年刊)所収。

『論理学体系Ⅵ』大関将一訳、春秋社、一九五九年刊。

『論理学体系4』江口聡・佐々木憲介編訳、京都大学学術出版会、二〇二〇年刊。

目次

附録

功利主義

第一章　概　論

正と不正の判断基準をめぐる論争は、解決に向けた進展が少しも見られない。人間の知識の現状を作り上げている環境要因のうちで、これほど期待はずれなものはほとんどない。最も重要なテーマに関する思索でありながら、長いあいだ立ち後れたままであり、期待はずれという点でここまで際立っている環境要因は他にほとんどない。哲学が誕生して以来、最高善に関する問題、あるいは同じことになるが、道徳の基礎に関する問題は、抽象的な思想の中での主要問題と考えられてきた。才能に最も恵まれた識者たちがこの問題に没頭し、教派や学派に分かれて活発に戦い合ってきた。二千年以上を経た後でも同じ議論が続き、哲学者たちは依然として、相変わらずの旗印の下にそれぞれ陣取っている。思想家も世間一般の人々も、この問題に関する意見の一致には近づいていない。青年時代のソクラテスが年長のプロタゴラスの語るところに耳を傾け、(プラトンが対話篇に記したとおりに実際に会話が行なわれていたとすれば)ソフィストと呼ばれた人々の大衆受けのする道徳に対抗して、功利主義理論を説いていた頃(1)と、変わらないままである。

たしかに、どの科学であっても、その第一原理に関しては同じような混乱や不確実さは存在するし、同じような対立が存在する場合もある。科学の中で最も確実性のあるように思える数学ですら、例外ではない。とはいえ、それでこれらの科学から得られる結論の信憑性が大きく損なわれることはないし、実際のところ、たいていはまったく損なわれずに済んでいる。これは、一見しただけでは理にかなわないように思えるが、次のように説明できる。つまり、一つの科学の細かい点に関する理論は、ふつう、第一原理と呼ばれているものから演繹されているわけではなく、また、その証拠もそうした原理に依存していない、ということである。もしそうでなかったら、代数学ほど不確かで結論があやふやな科学はないことになる。代数学の確実さは、学習者に基本としてふつう教えられているどんなものからも引き出せない。なぜなら、幾人かの最も優れた教師たちが指摘しているように、そうした基本には、イギリスの法律と同様に多くの擬制が含まれ、神学と同じように不可解なものもたくさんあるからである。[2] ある一つの科学の第一原理として究極的に受け容れられている真理は、実際には、その科学と密接な関係のある基本的な諸概念にもとづいて行なわれる抽象的分析が最終的に行き着いた結果なのである。つまり、そうした第一原理と当の科学とは、建物に対する土台のような関係にあるのではなく、樹木に対する根のような関係にある。そのような根は、根元を深く掘り下げて光を当てなくても、建物の土台の場合と同様に十分に役割を果たしているのである。

しかし、科学では個々のレベルの真理が一般理論に先行しているとしても、道徳や立法のような実践的技術《アート》[3]の場合は、逆になるという考え方があるかもしれない。〔こう考える立場から見ると〕どんな行為でも何らかの目的をめざしているし、行為のルールにしても、当の行為が従っている目的に由来する特徴や色合いのすべてをそなえているにちがいないとするのが、自然な想定であるように思える。物事に取り組むときに最初に必要なのは、自分が今どんな方向をめざしているのかを、明確にきちんと把握することであって、最後になればわかるだろうと、待っているわけにはいかないだろう。正か不正かの判断は、〔これから行なうことについて〕何が正しく何が不正なのかを確認するための手段でなければならないのであって、〔行なったことについて〕正か不

正かを確認してみてからの結論ではない、という考え方になるわけである。(4)

この難問〔先行すべき一般的な判断基準をどう考えるかという難問〕は、正しいか不正かを知らせてくれる感覚や本能のような生まれながらの能力がある、といった俗説に訴えて回避されるわけではない。その理由としては、そういう道徳本能が存在するかどうか自体が論争になる問題だということもあるが、それ以外にもある。つまり、哲学者を自任していてそのような道徳本能があると信じている人々でも、視覚や聴覚が実際に光や音を判別するのと同じように、道徳本能も目の前にある個別事例について何が正しいが不正かを判別している、という考えは放棄せざるをえなくなっているのである。道徳能力について説明している人々の中で思想家と呼んでよいレベルの人々は誰でも、道徳能力が提供してくれるのは道徳判断の一般原理に限られる、という見解をとっている。道徳能力が属しているのは、感覚能力の部分ではなく、理性の能力の部分である。そういう道徳能力に求めるべきなのは、道徳上の抽象的な考え方であって、具体的な局面での道徳判断ではない、ということである。

一般的な規則の必要性を力説している点では、倫理学上の直覚主義学派は、帰納主義学派と呼んでよい学派と変わらない。個々の行為が道徳的に正しいか正しくないかは、〔行為の具体的局面ごとの〕直接的な認識の問題ではなく、個々の事例に対する〔一般的な〕規則の適用の問題だと考える点で、これら二つの学派は一致している。両学派はさらに、かなりの程度、同じ道徳的規則を承認している。見解が異なっているのは、そうした規則の根拠が何かという点と、規則を人々に納得させる力がどこから引き出されるのかという点である。一方の学派〔直覚主義学派〕の見解では、道徳の原理は明らかにア・プリオリな〔各人の感覚や経験とは無関係な〕ものであり、言葉の意味を理解しているという点でうなずいてもらえれば、それ以外に各人にいちいち了承を求める必要はない。もう一方の学派〔帰納主義学派〕の主張によれば、正か不正かという問いは、真か偽かを問う場合と同様に、観察と経験の問題である。しかし、いずれの学派も、道徳は原理から引き出さなければならないと考えている点は同じである。また、直覚主義学派も帰納主義学派も、道徳に関する理論的な学が存在することを、同じように強く断言している。

ところが、そうした学の前提として役立つようなア・プリオリな〔公理のような性格の〕諸原理に関しては、いずれの学派も、それらの原理を列挙して示すことにはほとんど取り組んでいない。それらのさまざまな原理を、一つの第一原理や義務の共通の根拠に還元する努力は、なおさらまれである。どの学派も、道徳上のありきたりの格言をア・プリオリな説得力を持つものとして想定したり、それらの格言の共通の基礎として、格言そのものよりも明らかに説得力が乏しく、社会に幅広く受け容れられていない一般論的な何かを強調したりしている。しかし、こういう主張を下支えするには、道徳全体の根元に何か一つの基本的な原理や規則が存在していなければならない。あるいは、そうした基本的なものが複数ある場合には、それらのあいだで優先順位が定まっていなければならない。また、さまざまな原理のあいだで衝突が生じる場合に、どれを採るかを決める一つの原理や規則は、自明なものでなければならない。

基本的な原理や規則が欠けていることの悪影響は、実際の場面ではどの程度、軽減されてきているのだろうか。また、究極的な基準が明確に認識されていないことが、どの程度まで、人々の道徳的信条を損ね不確かなものにしているのだろうか。これらの問いに答えるには、過去と現在の道徳理論に対する徹底的な精査や批判が必要になるだろう。とはいえ、このような道徳的信条が曲がりなりに何らかの確実性や一貫性を獲得しているとすれば、そうなっているのは、気づかれていない基準がそれとなく影響しているためである。このことは容易に示せるだろう。広く認められている第一原理が存在しないために、倫理学は人々の実際の感情を導くというよりも、そうした感情を〔道徳感情だとして〕祭り上げてしまっている。それでもやはり、人々の感情は、好意的感情にせよ嫌悪の感情にせよ、自分たちの幸福に作用していると思われる物事に大きく影響されている。そういうわけで、効用の原理、あるいは、ベンサムがのちになって最大幸福原理と呼ぶようになったものは、この原理を大いに軽蔑してその説得力を認めない人々の場合ですら、自らの道徳理論を作り上げる際に大きな役割を果たしてきている。効用の原理が道徳の基本原理であり道徳的義務の根源だと認めることにはどれほど消極的だったとしても、幸福におよぶ行為の影響が道徳上の細々とした問題の多くを考慮する際に欠かせない点であり、主要な点ですらあることは、どの思想的立場も認めている。さらに言えば、ア・プリオリ派〔道徳判断の能力を生得とみなす立場〕の道徳理論家であっても、何らかの論証をする必要があると考えている論者であれば、どの論者の場合でも、功利主義的な論証は欠かせなくなっている。

　これらの思想家への批判は、ここで私が目的としていることではない。とはいえ、例示のために、彼らの中で最も著名な人物による体系的著書、カント『人倫の形而上学』に言及しないわけにはいかない。この人の思想体系は、これからも末永く、哲学史の中で画期的な地位を占め続けるだろう。そういう大思想家であるカントは、この著書の中で、道徳的義務の起源であり根拠でもある普遍的な第一原理を、次のように提示した。「汝の行為の準則がすべての理性的な存在にとって受け容れられるような仕方で、行為せよ」(5)。しかし、カントがこの原理から、いざ実際の道徳的義務の導出を始めようとすると、惨憺《さんたん》たる行き詰まりに直面する。つまり、すべての理性的存在が極悪非道の行為規範を受け容れることは矛盾であって、論理的に不可能だ(現実的に不可能だとまでは言わないとしても)と言えなくなってしまうのである。カントが示しているのは、そうした極悪非道の行為規範が採用された場合にもたらされる結果は、誰も歓迎しないだろう、ということでしかない(6)。

これ以上、〔功利主義以外の〕他の諸理論について論ずることはしないでおこう。ここからは、功利主義の理論、言いかえれば〔最大〕幸福の理論について、その理解と正しい評価という点で、多少なりとも役に立つ議論を行ないたい。また、この理論には、それなりに可能な証明の仕方があるので、これも合わせて取り上げることにする。もちろん、これは、通常の一般的な意味での証明ではありえない。究極的な目的の問題では、直接的な証明は不可能である。どんなものにせよ、あるものが善であると〔通常の意味で〕証明するためには、証明ぬきで善と認められる何かにとっての手段として、それが善だと示さなくてはならない。医療の技術が善だと証明されるのは、健康に〔手段として〕役立つからである。しかし、健康が善であることは、証明のしようがない。音楽という技術が善である理由には幾つかあるが、その一つは、快い気分をもたらすことにある。しかし、その快い気分が善であることは証明できない。したがって、それ自体として善であるものをすべて包摂する原理が存在していて、それら以外の善は何であれ目的としてではなく手段として善である、と主張されている場合、そういう原理は、受け容れるにせよ拒むにせよ、ふつうの意味で理解されている証明の対象にはならない。しかし、だからといって、こういう主張を受け容れるか拒むかを決めているのは、無定見な衝動や恣意的な選択であるにちがいない、と推定できるわけではない。証明という言葉には、もっと広い意味もある。ここでの問題は、哲学上の他の論争点でも同じように言えることだが、そうした広い意味での証明の対象にはなりうる。このテーマは、理性的な能力が扱える範囲内にあるし、理性的な能力が扱うといっても、ひたすら直観的なやり方に頼る、ということはない。この理論〔究極の目的に関する理論〕に対して知性が同意するかしないかを決定できるような考察は示せるだろうし、そうした考察は証明に相当するものである。

そこで、この考察がどんな性質のものか、つまり、この考察を目下の事例にどのように適用するのか、適用できるとすると、功利主義の原理を受け容れたり拒んだりする合理的な根拠として、何が示せるのかを検討してみよう。ただし、合理的に受け容れたり拒んだりする前提として、まずはこの原理を正確に理解しておく必要がある。私の考えでは、この原理の意味に関する世間一般の捉え方が非常にあやふやであることが、功利主義の受容に対する大きな妨げになっている。せめて、かなり粗悪な誤解だけでも取り除くことができれば、問題は非常にすっきりしたものとなり、困難の大半は取り除かれるだろうと思う。というわけで、功利主義の基準に賛同する哲学的根拠となりえるものを検討する前に、この理論そのものを素描しておこう。そうすることで、功利主義の理論がどんなものかをより明確にし、この理論以外のものとの区別を示すとともに、功利主義の理論に対する誤解から生じている反対論や、そういう誤解と密接に結びつく形で実際に行なわれている反対論を片づけておきたい。このような下準備を済ませた後で、哲学的理論の一つとして考察した場合に、この〔証明の〕問題に対して私が提供できる知見を示すことにしよう。

第二章　功利主義とは何か

正か不正かを判別する基準は効用だ、という考え方を支持する人々が用いている効用という言葉への誤解としては、効用の意味をたんなる口語的な狭いものと受け取って、快楽と対立するものにしてしまう誤解がある。(1) このような誤解が無知から生じたものであることは、ごく簡単に述べるだけで十分明らかになる。これほどまでにでたらめな誤解をする人々と、功利主義に哲学的な見地から反対している人々とを、ほんの一瞬でも混同して扱っているように見えるとしたら、哲学的に反対している人々に対しては、まことに申し訳ないことである。功利主義に向けられる月並みな非難としては、同じぐらいにでたらめのきわみと言えるものだが、正反対の見方からの非難もある。万事を快楽に、しかも最も粗野な快楽に関連づけている、という非難である。そのような月並みな非難と比べると、〔効用と快楽を反対のものとする〕この誤解は、かなり特異なものである。功利主義の理論に対する〔これら二つの〕非難について、ある有能な論者は、一言で要領よくまとめている。「効用という言葉を快楽という言葉に優先させると、無味乾燥で実行できなくなるが、快楽という言葉を効用という言葉に優先させると、肉感的で実行が簡単すぎてしまう[(2)]」。こういう非難〔のそれぞれ〕を同じような類いの〔非哲学的な〕人々がしていて、同一の人物が〔両方の非難を同時に〕していることもしばしばある。

この〔効用という言葉の意味の〕問題について多少なりとも知見を持っている人であれば、エピクロスからベンサムに至るまで、効用の理論を説いた論者たちが効用という言葉で何を意味していたかは、はっきり理解している。つまり、これらの論者たちにとって、効用とは、快楽と対立する別の何かではなく、苦痛を免れるということも含めて、快楽そのものだった。彼らはつねに、有益なものと快いものや美しいものとを対立させたりせず、有益なものは何にもまして快く美しいものを意味すると明言していたのである。ところが、一般の人々は、新聞や雑誌の書き手や影響力のある本格派を自負するような書物の書き手たちまで含めてのことだが、この皮相な誤りに絶えず陥っている。こういう人々は、功利主義的(utilitarian)という言葉にこだわり、発音の仕方以外に何もわかっていないのに、美しさとかきらびやかさとか楽しさといった快いものの否定や無視を示す表現として、つねにこの言葉を使っている。さらに、効用という言葉が無理解のために誤用されるのは、このような非難の場合ばかりでなく、賞賛の場合にもある。つまり、効用は、些細などうでもよいものや一時的な快楽にすぎないものよりもレベルの高いものを意味する、と考える場合である。こういう誤用を通じてしか、効用という言葉は世間一般に知られることがなく、新しい世代がこの言葉の唯一の意味だと言われて学ぶ場合も同じである。この言葉を使い始めたものの、長年にわたって人目につくような使い方はしてこなかった人々であれば、その使用を再開することによって、こうした最低の待遇からこの言葉を救い出すのに多少なりとも役立つと期待できるのであれば、ぜひともそうしたいと思っても不思議はないだろう。*

＊〔原注〕功利主義的・功利主義者（utilitarian）という言葉を最初に使い出したのは、私自身だと信じてよい理由がある。私がこの言葉を発明したわけではないが、ゴールト氏の『教区年代記』（エディンバラ、ブラックウッズ社、一八二一年、二八六頁）にたまたま使われていた表現を私が採り入れたのである。私と他の何人かで、数年間、この表記を使

ったのだが、その後、党派的な旗印とかスローガンのようなものがだんだんに嫌になって使わなくなったのである。(3) とはいえ、効用の原理を何か特定の仕方で応用しているいろいろな立場をひとまとめにして呼ぶ名称としてではなく、効用の原理を基準として捉えている独立した一つの立場を意味する名称としてであれば、功利主義者という言葉は、これまでの言い方になかったものを提供しているし、多くの場合、面倒な回りくどい表現を避けるのに役立つ言葉である。

効用、つまり最大幸福原理を道徳の基礎として受け容れる考え方によれば、行為は幸福を増進する傾向があれば、その度合に応じて正しいものとなり、幸福とは反対のものをもたらす傾向があれば、その度合に応じて不正なものとなる。幸福は快楽を意味しており、苦痛の欠如も意味している。不幸は苦痛を意味しており、快楽の欠如も意味している。この理論が打ち立てている道徳の基準を明確に示すためには、もっと多くのことを述べる必要がある。とりわけ、快楽と苦痛のそれぞれに何を含めるのか、また、この基準では、未解決の問題がどの程度まで残るのか、という点についてである。(4) しかし、これらに関する補足的説明が、この道徳理論の基礎となっている人間生活の理論に影響するわけではない。その理論とは、つまり、望ましい目的は快楽と、苦痛を免れていることとに限られるのであって、すべての望ましいもの(他の理論体系と同様に、功利主義の体系においても数多くある)は、それ自体に内在する快楽のために望ましいか、快楽を増進し苦痛を防止する手段として望ましいかである、という理論である。

ところで、このような人間生活の見方は、多くの人々、とりわけ、感情やこころざしの点で最も尊敬に値する人々の一部に、強い嫌悪感を生じさせている。こうした人々の指摘によれば(その言い方どおりに示すと)、人間生活には快楽を超えるような高尚なものはないとか、欲望や快楽追求よりも良質で高貴な目的はないと考えるのは、非常に浅ましく卑しいことであり、豚にしかふさわしくない理屈である。エピクロスを支持した人々は、当初から、軽蔑とともにこの動物になぞらえられたものである。現代でも、ドイツやフランスやイギリスでは、エピクロス的な考えを持つ人々への非難として、同程度に礼節を欠いた対比が、時折、行なわれている。

エピクロス主義者たちは、こう非難されると、いつも次のように反論した。人間本性を下劣なものとして論じているのは自分たちではなく、自分たちを非難している人々である。なぜなら、この非難は、豚に可能な快楽以外に人間に可能な快楽はない、という想定にもとづいているからである。そのような想定が仮に正しければ、この非難に反論はできないだろう。しかし、その場合、非難はもはや非難ではなくなってしまう。なぜなら、快楽をもたらすものが人間と豚でまったく同じであるなら〔高貴とか下劣とか論じる意味がなくなるので〕、一方にとって十分に適切な生活のルールは、他方の生活のルールとしても十分に適切だということになるからである。エピクロス主義的な生活を獣の生き方と同じものと見て下劣だと感じるのは、幸福についての人間の考え方だと、獣の快楽では満足できないからに他ならない。人間は、動物的な欲求を超えた高尚な能力をそなえている。だから、そうした能力にいったん気づけば、それを十分に働かせることを含まない限り、どんなことも幸福とはみなさなくなる。

たしかに、私としても、エピクロス主義者たちが一連の結論を功利主義の原理から引き出したとき、その引き出し方にまったく問題がなかったとは考えていない。十分な形の結論を引き出すには、多くのストア派的な要素とキリスト教的要素も、あわせて盛り込む必要がある。とはいえ、エピクロス主義的な理論として知られているものはどれも、人間生活の見方において、知性、感情、想像力、道徳的感情からもたらされる快楽に対して、たんなる身体的な感覚の快楽よりもはるかに高い価値を与えている。ただし、大方の功利主義者に関しては、認めなければならない点がある。つまり、彼らは、身体的快楽よりも精神的快楽に優位を与えてはいるものの、その理由は、持久性、確実性、代価の低さなどの点でまさる、というところに置かれている。精神的快楽に固有の性質というよりも、付随的な利点が理由になっている。この〔精神的快楽に優位を与える〕主張自体に関しては、功利主義者たちの論証は十分なものだった。とはいえ、論拠としては、他の、より高尚な論拠と呼んでよいものを採り上げてもよかったたし、そうしても一貫性は完全に保てただろう。快楽の種類によって、ある快楽は他の快楽よりも望ましく、より多くの価値を持っているという事実を認めることは、効用の原理と十分に両立する。他のあらゆる物事の評価に関しては量ばかりでなく質も考慮に入れているのに、快楽の評価に関しては量だけに頼るというのは、理にかなわないだろう。

快楽における質の違いとはどういう意味なのか、また、ある快楽が他の快楽と比べて、量的に多いからということ以外に、何によっていっそう高い価値を持つのかと問われれば、可能な答えは一つしかない。一方の快楽を選ぶべきだとする道徳的義務の感情がかかわってこない場合でのことであるが(5)、二つの快楽のうち、両方を経験しているすべての人、あるいは、ほとんどすべての人が、きっぱりと選ぶ快楽があれば、それがいっそう望ましい快楽である。二つの快楽のどちらもよく知っている人々が、そのうちの一方を別の快楽よりもはるかに高く評価していて、そのため、たとえ、この快楽にはもう一つの快楽よりも多くの不満が付随するとわかっている場合でも、こちらの快楽を選ぶとしよう。また、別の方の快楽がその性質からして多くの量が可能だとしても、そのために、高く評価している方の快楽をあきらめるつもりはないとしよう。その場合は、こういう人々が選好している快楽の方が質的に優越していると考えてよい。比較するときに、量をあまり考慮しなくてもよいほどにまで、質の重要性がはるかに高くなっているのである。

〔質の異なる二つの快楽の〕両方について同程度によく知っていて、それらを評価することも実際に経験することも同程度にできる人々の場合、自分たちの高度な能力を働かせるような生活のあり方をはっきり選び取ることは、疑問の余地のない事実である。動物的な快楽を十二分に与えると約束されても、ほとんどの人々は、自分を下等動物に変えることに同意しないだろう。たとえ、愚者や無学な者や悪人は他の人間以上に自分の境遇に満足している、と聞かされても、知性ある人は愚者になることに同意しないだろう。教育のある人は無知になりたいとは思わないし、思いやりや良心のある人は利己的で浅ましい人間になりたいとは思わないだろう。低劣な人間が持っているのと同じ欲望が自分にあったとしても、ほとんどの人々は、それらすべてを完全に満たす代償として、低劣な人間よりも自分たちがいっそう多く持っているものを放棄することはない。そういう気になる場合があるとすれば、それは彼らが極端な不幸に陥ったときだけである。その場合は、極端な不幸から逃れるために、今の境遇の代わりに、別の境遇であればほとんど何であれ、それが自分から見てさえどうにも望ましくないものに見えるものだったとしても、受け容れるだろう。高次元の能力をそなえている人は、レベルの低い人に比べて、幸福になるためにより多くのものを必要とするし、おそらく苦痛に対する感受性も高く、また、苦痛と感じる点も間違いなく多い。しかし、そうした重荷にもかかわらず、下劣な生き方だと自分で感じるような状態に落ち込んでやろうなどと本気で思うことは、けっしてありえない。

そんなふうにはなりたくないという、この気持ちについては、いろいろな説明があるだろう。誇りのためだと言われることもある(6)。この場合は、人間が持ちうる感情のうちで最善のものと最悪のものとが区別されずに同じ名称で呼ばれている。自由や人格的な独立への愛から生じる、とされることもある。下劣な生き方をしたくないという気持ちを高めるよう訴えるのに、最も効果的な手段として、ストア派が採用した見方である。力への愛とか、高揚した気分への愛から生じる、という見方もある。いずれの愛も、実際に、下劣な生き方をしたくないという気持ちに入り込んで、それを後押ししている、というのである。しかし、最も適切な呼び方は、尊厳の感覚である。尊厳の感覚は、すべての人間に何らかの形でそなわっており、その度合は、正確にではないにせよ、その人の高次元の能力に比例している。この感覚は、それが強い人々にとっては、幸福にまったく欠かせない要素となっているので、この感覚と対立するどんなものも、一時的な場合を除けば、欲求の対象になりえない。

こういう選び方は、幸福を犠牲にすることで成り立つのだから、同じような環境だったら、すぐれた人々は、低レベルの人々ほど幸福になれないという考えがあるが、そう考える人は誰でも、幸福と満足という、二つの非常に異なる観念を混同している。議論の余地のない点だが、低レベルのものだけを楽しいと感じられる人々は、欲求が満たされる可能性が非常に高いのに対して、高次元の能力をそなえた人々はいつでも、自分が追求している幸福は世の中の現状では不完全さを免れないだろう、と感じるものである。しかし、こういう人々でも、その不完全さが忍耐の範囲内になんとか収まっているのであれば、忍耐できるようにはなる。しかも、彼らは、不完全さにまったく気づかない人をうらやましいとは思っていない。不完全さの中でも得られるようなものを少しもよいと思わないので、そのことだけからして、うらやむ気持ちにならないのである。満足した豚であるよりも、満足していない人間がよい。満足した愚者よりも、満足していないソクラテスがよい。愚者や豚がこれと違う意見だったとすれば、それは、問題のうち自分たちにかかわる側面しか、わかっていないからである。これと対極にある人々は、両方の側面がわかっている。

　これに対する反論として、高級な快楽を味わえる多くの人であっても、ときには誘惑に影響され、高級な快楽を後回しにして低級な快楽を選ぶことがある、という議論があるかもしれない。しかし、こういう選択をすることは、高級な快楽の本来的にすぐれた点を十分に評価していることと、十分に両立する。人が性格の弱さから、身近にある善を、さほど価値がないと知りながら選ぶことはしばしばある。そういうことは、身体的快楽と精神的快楽のあいだでの選択の場合だけではなく、二つの身体的快楽のあいだでの選択の場合でも、同じようにある。健康がいっそう重要な善であることを十分承知の上で、性的欲望におぼれて健康を害する、といったことが起こる。

さらに、別の反論もあるだろう。多くの人は、最初はあらゆる高貴なものに対して若々しい情熱を向けていても、年をとるにつれて怠惰で利己的になってしまう、という反論である。ごくありふれた変わり方だが、しかし、こういう変わり方をする人たちが自分から進んで、高級な快楽よりも低級な快楽を選んでいるようには思えない。私の考えでは、こういう人たちは、もっぱら低級な快楽に執心するようになる前に、すでに高級な快楽を味わうことができなくなっているのである。高貴な感情を味わう能力の性質は、ほとんどすべての点で、非常に傷つきやすい植物のようなものである。逆境に置かれれば、いやそれどころか、養分が欠乏するだけでも、簡単に死んでしまう。だから、多くの若い人たちの場合、人生のその時期から携わることになる職業や、職業生活を通じて引き入れられていく交際関係が、そうした高次元の能力を動かし続けるのに不向きであると、この高次元の能力は急速に死滅してしまうのである。知的な趣味に没頭する時間も機会もないために、そうした趣味への関心が失われると、それにつれて高いこころざしも失われ、低次元の快楽にふけることになる。そうなってしまうのは、低次元の快楽を意識的に選んでいるからではなく、手に入れやすいのがそれだけになってしまっているか、あるいは、楽しいと思えるのがそれだけになってしまっているためである。両方の快楽をひとまとめにして扱おうと空しい努力をした人は、いつの時代でも多かった。しかし、両方に対して同程度の感受性を持ち続けた人の場合で言えば、承知の上で平然と低次元の快楽を選ぶとは考えにくい。

判断する能力を持っているのはこういう人だけであって、その判断を覆すことはできないと私は思う。二つの快楽のうちどちらを採るのがよいのかという問題や、二つの生活様式のうち、それぞれの道徳的な性質や帰結は別として(7)、どちらが感情にとって快適かという問題に関して、最終的な判断と認めなければならないのは、二つの両方を知っていて、だからこそ判断する資格のある人たちの見解であり、彼らのあいだで見解の相違がある場合には、多数を占める側の見解である。快楽の質の判断に関して、このような判断〔比較の対象をどちらも知っている人々の判断〕を受け容れることをためらう必要はない。快楽の量の問題に関してですら、判断を委ねられるのは〔比較する量のどちらも知っている人々だけで〕他にないのだから、なおさらのことである。二つの苦痛のうちどちらが激しいか、あるいは、快楽をもたらす二つの感覚のうちどちらが強いかを判断する手段は、二つのどちらもよく知っている人々全般の賛同以外にないのである。苦痛どうしがたがいに同質ということはないし、快楽もそうである。それに、苦痛と快楽とは、いつでもたがいに異質である。ある特定の苦痛が付随するという代価を引き受けても、ある特定の快楽を得る価値があるのかどうかについて結論を下すのには、経験者の感覚や判断以外に決め手がない。したがって、そうした感覚や判断は、次の点を明示している場合にも、同じように尊重されてよいのである。つまり、高いレベルの能力とつながりのない動物的性質の快楽に比べて、高いレベルの能力のおかげで生じてくる快楽の方が、強度の問題はさておくとしても、種類としては望ましい、という点を明示している場合である。

私が以上の論点を詳しく論じてきたのは、人間の行為を指示するルールとして見た場合の効用や幸福の概念に十分な正確さを与えるのに、欠かせない論点だったからである。とはいえ、これは、効用という基準を受け容れるのに必要不可欠な条件、ということではまったくない。なぜなら、効用という基準は、行為者本人の最大幸福ではなく、すべてを合算した上での最大幸福だからである[8]。高貴な性格の人がその高貴さのおかげで、いつでも、〔自分自身も〕いっそう幸福でいられるのかどうかは疑わしい、という見方があるかもしれない。それでも、この高貴な性格が他の人々をいっそう幸福にし、世の中全般にとって非常に大きな利益となることに、疑いの余地はない。だから、高貴な性格が世の中全般で陶冶されてはじめて、功利主義の目的達成が可能になるのである。そういう陶冶があれば、仮の話だが、たとえ、各個人は他の人々の高貴さのおかげで幸福になっているだけで、その幸福にしても、自分自身の高貴さのために減ってしまっている場合でも、功利主義の目的は達成できるだろう。しかし、このような仮定が非現実的であるのは、はっきりと言葉にしてみればわかることであり、わざわざ反論する必要もない(9)。

これまでに説明したように、最大幸福の原理によれば、究極の目的は、量と質のいずれの点においても、可能な限り苦痛を免れていて、可能な限り快楽が豊富な生活状態である。この究極目的以外のあらゆる物事が望ましいものとなるのは(考慮しているのが自分自身の善であっても他の人々の善であっても)、この究極目的との関連においてであり、あるいは、この究極目的をめざしているときである。質を判定する試金石や、量とつきあわせながら質を評価するルールとなるのは、比較のための手段を最もよくそなえている人々が望ましいと感じて行なう選択である。そうした手段となるのは経験の積み重ねである。また、自分をよくふりかえって観察する習慣も加えておかねばならない。功利主義者の見解では、人間の行為のこうした目的は、当然のことながら道徳の基準でもある[10]。したがって、道徳の基準をこのように定めておけば、人間の行為に関する規則や準則が遵守されることで、先に述べた〔苦痛が防止され快楽が豊富な〕生活状態が、最大限可能な形で、すべての人間に確保されることになる。また、そのような状態は、人間ばかりでなく、物事の事情が許す限りで、感覚をそなえている生き物すべてにまでおよぶことにもなる[11]。

　ところが、功利主義の理論に対しては、別種の反対論を唱える人々もいる。彼らの言うところでは、幸福はどんな形のものであっても、人間の生活と行動の合理的な目的になりえない。なぜなら、何よりもまず、幸福は達成不可能だからである。そして、汝には幸福になるどんな権利があるというのかと、見下げるようにして問うのである。この問いは、カーライル氏が次のように問うことで、さらに厳しいものになった。存在することについてすら、ほんの少し前まで汝にどんな権利があったというのか[12]。彼らはこれに続けて言う。人間は幸福でなくても生きていける。高貴な人間たちは皆、そう感じていたし、エントザーゲン〔*Entsagen*（ドイツ語）〕、つまり自己放棄ということだが、それが示している教訓を学ばなければ高貴にはなれない。この教訓を徹底的に会得しそれに従うことがあらゆる美徳の出発点であり、かつ必須の条件なのだ、と彼らは断言する。

この反論の前半部分〔幸福は達成不可能だという主張〕は、もし根拠があれば、問題の根底に迫るものになるだろう。なぜなら、仮に、人間がまったく幸福になれないのであれば、幸福の達成は、道徳の目的にも、他のどんな合理的な行為の目的にもなりえないからである。とはいえ、この場合であっても、功利主義理論の側には、依然として言い分が残るだろう。なぜなら、効用に含まれるのは幸福の追求だけではなくて、不幸の防止や軽減もそうだからである。しかも、幸福の追求という目的が非現実的なのだったら、それだけいっそう、不幸の防止や緩和という目的は、対象範囲が拡大し絶対に欠かせないものになる。少なくとも、生きることを人々が有意義と考え、ノヴァーリスが推奨したように、一定の条件の下に置かれたら同時的な集団自殺に逃避する(13)、というのでない限りそうである。

しかし、幸福な人生など不可能だという主張は、やはりここまで強く述べられると、言葉の上だけの非現実的な理屈ではないとしても、少なくとも誇張にはなっている。

非常に強力な快感がかき立てられたままずっと続くことが幸福の意味だというのであれば、そのような意味の幸福がありえないことは十分はっきりしている。快感の高まった状態はほんの一瞬しか続かない。断続的に数時間とか数日間とか続くこともあるだろうが、その場合でも、強く感じられるのは一時的なことで、ずっと安定した情感が続くということはない。このことは、幸福は人生の目的だと説いていた哲学者たちも、そういう哲学者たちを嘲笑する人々と同じように、十分に承知していた。彼らが意味していた幸福は、狂喜の人生ではなかった。そうではなくて、多少の一時的な苦痛を含みながらも、多くのさまざまな快楽で成り立っている時間がくり返されていく人生のあり方だった。能動的な快楽は、受動的快楽に対して決定的な優位にあるとともに、快楽全体の基盤として受け容れられていて、人生がもたらすことのできる以上に多くの快楽を期待することはなかったのである。このような形で成り立っている人生は、それを幸運にも手に入れることができた人々にとって、つねに、幸福の名に値するものに思えたのである。現在においてすら、人生のかなりの部分でこのような生活のあり方に恵まれている人は大勢いる。それがほぼ全員と言えるところにまでおよんでいないのは、ただただ、現在の教育や社会制度のひどさのためなのである。

この見方に反対する人たちがおそらく出してくるだろう疑問は、幸福を人生の目的とみなすよう教えられたら、こんなに控えめな幸福で人々は満足するだろうか、ということである。しかし、大多数の人々は、これよりもはるかに控えめな幸福に満足してきたのである。満ち足りた生き方の主な要素は、二つあるように見える。静穏な気分でいることと、高揚した気分でいることである。これらのどちらかだけでも、満ち足りた生き方という目的に十分応えてくれることもしばしばある。静穏な気分でいることが多ければ、大多数の人々は、ごくわずかな快楽でも満足できることに気づく。高揚した気分でいることが多ければ、大多数の人々は、かなりの量の苦痛でも耐えることができる。これらの両方を持つことも、本来的に不可能というわけではない。大半の人々の場合でも、それはたしかである。なぜなら、これら二つは両立不可能どころか、むしろ自然に結びついているからである。どちらか一方が長く続けば、他方に向けた準備が進み、そちらへの願望をかき立てることになるのである。一定期間の休息の後でも高揚した気分を望まないのは、怠惰が極まって悪徳にまでなっているような人だけである。高揚した気分が強ければ強いほど、後に続く静穏な気分も快く感じるというのではなく、むしろ、退屈で味気なく感じるのは、高揚した気分への欲求が病的になっている人だけである。

外形的な面でほどほどに恵まれている人でありながら、自分にとって価値があると思える楽しみを生活の中に見出せないときがある。その原因は一般的に言って、気にかけているのは自分だけで他には誰もいない、というところにある。社会に対する情感も身近な誰かに対する情感も持たない人の場合、人生のもたらす気分の高揚は大幅に失われていき、あらゆる利己的な利害が死によって終止符を打たざるをえないときが近づくにつれて、どんな場合であれ、物事の価値が徐々に低減していく。他方で、個人的情愛の対象を自分がいなくなった後にまで残していく人、とりわけ、人類全般の利益に対する同胞意識の感情も合わせて育んできた人は、死の直前まで、若く健康で溌剌《はつらつ》としていたときに匹敵するような、生き生きとした関心を人生に対して持ち続ける。

利己心に次いで、人生を満たされないものと感じさせる主な原因は、知的陶冶が欠けていることである。陶冶された知性と言っても、私が言おうとしているのは哲学者の知性ではなく、知識を与えてくれるものに対して開かれた姿勢のある知性であり、知的能力を働かせるための教育をほどほどに受けている人の知性である。こういう意味での陶冶された知性は、身のまわりのすべてのことに、尽きることのない興味の源泉を見出す。自然界の物事、芸術作品、詩の生み出す想像的なもの、歴史上の出来事、過去と現在における人々の生き方、人類の将来の見通し、といった具合にである。たしかに、こうしたものすべてに無関心になることはありうる。これらの千分の一もこなさないうちに、そうなることもある。しかし、そうなるのは、そもそも最初からそれに対する道徳的な関心や人間的な関心がなく、ただ好奇心を満たすためだけに追いかけていた場合に限られる。

これらを思索の対象にするような知的関心を引き起こせるレベルの知的陶冶が、文明国に生まれてくるすべての人々に引き継がれなくてよい理由は、物事の本来のあり方からしてまったくありえない。どの人間も自己中心的な利己主義者になってしまい、どんな感情も持たないとか、みすぼらしい自分自身の中で中心を占めている感情にしか配慮しないといった事態が、本来的に避けられない必然でないのと同じことである。これよりもはるかにまともな状態が、現在においてすら、かなりの広がりを見せており、人類がどうなっていくのかという点での〔有望な〕前兆を十分な形で示している。きちんと育てられた人間であれば誰でも、程度の差こそあれ、純粋な個人的情愛と公共善に対して誠実な関心を持つことは可能である。これほど多く興味の対象があり、これほど多く楽しめるものがあり、そしてこれほど多く改革し改善すべきものがある世界の中で、今まで述べてきた控えめな程度の道徳的な条件や知的な条件を満たしている人であれば誰であれ、うらやましいと言える生き方ができるのである。

こういう人は、うらやましいと言えるこの生き方を必ず見つけることができる。それができないとすれば、悪法や他人の意向に従属させられて、幸福の入手先がすぐ近くにあるのにそれを活用する自由が認められていないといった境遇にあるためである。あるいは、人生を損ねてしまうような明白な苦難、つまり、貧窮や病気、愛情を向けている相手が冷淡だったり非行に走ったり、あるいは早世してしまうなど、身体的苦痛や精神的苦痛をもたらす多くの原因を避けることができない場合である。したがって、強調すべき主要な論点は、これらの災厄と闘う、ということになる。ただし、これらの災厄を全面的に回避するには、稀少な幸運に恵まれる必要があるし、また、現状では未然に防ぐことも無理で、大幅に軽減することもなかなかできない。それでもなお、世の中の重大な害悪の大半は本来的に取り除けるものであるし、人間生活の営みにおける改善が続いていけば、最終的には狭い範囲に局限される。これは、一考に値する意見を持つすべての人にとって、疑問の余地のないことである。

貧困は、どういう意味で理解しても苦痛であるが、個々の人々の良識や配慮と結びついた社会の知恵によって完全になくせるだろう。最強の敵である病気ですら、心身双方の面でしっかりした教育を行なうとともに、有害な影響を適切にコントロールすれば、どこまでも軽くしていけるだろう。さらに、将来的には、科学の進歩によって、この忌まわしい敵をさらにもっと直接的な形で制圧することも期待できる。また、こういう方向での前進があるごとに、少しずつではあれ、われわれ自身が短命に終わる可能性が減少し、また、それればかりでなく、いっそう気がかりな点だが、幸福という面で自分と切っても切れない縁にある人が奪われる可能性も減少していく。運不運の転変や、世の中の状況との関連でもたらされる失望などは、たいていは、ひどく無思慮であることや、欲望の抑制が働いていないことや、社会制度が不出来だったり不完全だったりすることの結果である。

要するに、人間の苦痛の大きな原因は、すべてが相当な程度で、また、その多くはほぼ全面的に、人間の配慮と努力によって克服できるということである。これらの原因の除去は、悲しくなるほど遅々としている。克服が完了するまでには、そして、意志と知見が欠けていなければ簡単にできそうなことすべてに、この世界がたどり着くまでには、長期にわたって何世代もが挫折をくり返すことだろう。それでもなお、どれほど些細で地味であっても、この努力に参与するだけの知性と度量をそなえたすべての人が、この闘いそのものに高貴な歓びを感じることだろうし、この歓びを、どんな形の利己的な利益のためにであれ、手放すことに同意したりしないだろう。

以上述べてきたことは、幸福を求めずに行為するのを学ぶことは可能であり、それを学ぶのは義務でもあるという、〔功利主義の〕反対者が行なっている議論の正確な評価につながる。幸福を求めずに行為するのが可能であることは、疑いえない。二十人の人がいれば十九人は、不本意にもそうしている。(14)現在の世界の中で未開の度合がいちばん低い地域においてすら、そうである。また、英雄や殉教者は、自分の個人的幸福以上に重んじている何かのために、みずから進んでそうせざるをえないこともしばしばある。しかし、その何かは、自分以外の人々の幸福やそれらの人々の幸福に必要とされるものでないとしたら、いったい何だろうか。

自分自身の幸福や幸福の可能性をすべて断念できるのは、高貴なことである。しかし、結局のところ、この自己犠牲は何らかの目的のためのものであって、それ自体が目的ではない。その目的は幸福ではなく徳であり、徳は幸福以上によいものだ、というのが返答であれば、私はさらに問いたい。もし、英雄や殉教者が、他の人々が同じように犠牲にならずに済ませるためだと思わなかったら、自分を犠牲にするだろうか。自分の幸福を断念することが、他の誰に対しても何もよいことをもたらさず、それどころか、彼らも自分と同じ運命にしてしまい、彼ら自身の幸福を断念する境遇に追いやってしまうのだったら、そんなことをするだろうか。自分の人生の個人的な楽しみを放棄することが、世の中の幸福を増加させる点で有意義な貢献となるときに、そういう放棄ができる人は、まさに名誉にふさわしい人である。しかし、どんな目的であれ、これ以外の目的での放棄であるならば、あるいは、そのような放棄だと公言しているのであれば、〔苦しむこと自体を目的にして〕柱の上に乗っている苦行僧と同様に、なんら賞賛に値しない。こういう人は、人間は何ができるかを示す点で刺激的かもしれないが、人間が何をすべきかを示す模範例でないことはたしかである。

　他の人々の幸福のために最善を尽くそうとすると、自分自身の幸福を全面的に犠牲にするしかなくなってしまうのは、ただただ、世の中の仕組がきわめて不完全であるからである。とはいえ、世の中がそういう不完全な状態である限りでは、このような犠牲を払う心構えがあることは、人間に見出すことのできる最高の徳である。それは私も十分に認める。さらに、世の中のこういう状態では、逆説的な言い方になるかもしれないが、幸福を求めない覚悟で行為できることが、達成可能な幸福を実現する最善の見通しを与えてくれる、と言い足しておこう。なぜなら、このような覚悟だけが、最悪の運命や偶然でも自分を屈服させる力はないと実感させ、それによって、人は人生の偶発事に対して超然としていられるようになるからである。いったんそのように実感すれば、人生の災厄を過度に心配することから解放される。そして、ローマ帝国の最悪の時期にいあわせたストア派の多くの人々と同じように、手の届く範囲で自分に満足を与える元となるものを、平静に育んでいけるようになる。災厄がいつまで続くか不確かであることにも、それがいつかは必ず終わることにも、心を煩わせずにである(15)。

他方で、功利主義者は、〔自己献身についてこのように考えるからといって〕自己献身の道徳は自分たちにもあるという主張を撤回してはならない。この主張をする正当な権利は、ストア主義者や先験論者(16)だけではなく、功利主義者にもある。功利主義の道徳は、他の人々の善のために自分自身の最大の善を犠牲にする能力が人間にあることを、間違いなく認めている。拒んでいるのは、犠牲それ自体が善であると認めることだけである。功利主義の道徳は、幸福の〔社会全体の〕総量を増加させない犠牲や、増加させる傾向にない犠牲を、無駄になってしまったものとみなす。功利主義の道徳が賞賛する自己放棄は、自分以外の人々の幸福や幸福の手段となる何かに捧げられるものに限られる。その場合、自分以外の人々とは、人々の集団でもよいし、人々の集団的利益によって課せられる制約〔社会全般の利益に反さないという制約〕の範囲内であれば、個人であってもよい。

功利主義を攻撃する人たちが不当にもほとんど認めることのない点を、私はくり返し言っておかねばならない。行為の正しさに関する功利主義の基準となっている幸福は、行為者本人の幸福ではなく、その行為にかかわりのある人々全員の幸福である。功利主義が本人に求めるのは、自分自身の幸福と他の人々の幸福とを見比べるとき、利害を離れ誰にでも分け隔てなく善意を向ける第三者と同じように、偏《かたよ》りをまったく持たないようにすることである。ナザレのイエスが説いた黄金律には、効用の倫理の精神が完全な姿で示されている。(17) 自分がしてもらいたいように自分もすることと、自分を愛するように隣人を愛することは、功利主義の道徳が究極の理想とするところに他ならない。この理想に最接近する手段として、効用は、第一に次のように命じるだろう。つまり、法律や社会制度は、あらゆる個人の幸福を、あるいは(実務的な言い方をすれば)その利益を、可能な限り〔社会〕全体の利益との調和に近づけるようにせよ、ということである。第二に、人間の性格に対して非常に大きな力をおよぼす教育と世論は、その力を用いて、あらゆる個人の精神の中に、自分自身の幸福と全体の善とのあいだの強固な連想を打ち立てるようにせよ、ということである。特に求められるのは、行為せよという形にせよ、行為するなという形にせよ、尊重するよう全般的幸福が指示している行為のあり方と、自分自身の幸福とのあいだでの連想である。そうすれば、社会全般の善に反する行為をすることでいつでも自分の幸福が得られる、という考え方ができなくなる。さらには、すべての人において、社会全般の善を増進しようという直接的な衝動が、行為の習慣的な動機となり、この衝動に結びつくいろいろな感情が、どの人の場合でも、生活の情緒的な面で広くよく目立つ場所を占めるようにもなる。功利主義の道徳を非難する人たちでも、この道徳の正しい性質を頭の中で思い浮かべれば、他のどんな道徳もそなえている長所だとされているものが、功利主義の道徳に欠けているとは言えなくなるだろう。人間本性の発展をこれ以上に美しく高尚なところにまで引き上げてくれる倫理体系が、他にあるとは思えない。また、他の倫理体系が自分たちの命じるところを実現するのに頼れる行為の動機で、功利主義では活用できないものがあるとも思えない。

功利主義者に反対する人々に向けて、功利主義を恥ずべきもののように言い立てているという非難がいつでもできるかというと、そうとは限らない。むしろ逆に、功利主義の公平無私な性格を何らかの形で正しく捉えている人々の中には、ときには、功利主義の欠陥は人類にとって基準が高尚すぎるところにある、と考える人もいる。彼らに言わせれば、功利主義は人々に対して、つねに社会全般の利益を増進するという動機から行為せよ、という過大な要求をしている。しかし、この議論は、道徳の基準の意味そのものを誤解しているし、また、行為の規則と行為の動機とを混同している。

何が義務であり、その義務をどんな判別基準で知るのかを示すのが、倫理学の仕事である。しかし、どの倫理体系にしても、行為の動機はすべて義務の感情に限られるべきだと要求したりはしない。それどころか、われわれの行為の九九パーセントは別の動機から行なわれているのであって、それでも、義務の規則に反していなければ正しい行為である。功利主義の道徳を説く論者たちは、他の立場のほとんどすべての論者以上に、行為の動機は行為者本人の価値には大いにかかわるとしても、行為の道徳性〔社会的見地から見た善悪〕には何らかかわりがない、と主張してきた。だから、よりによって〔人々に対して過大な要求をしているという〕このような誤解が功利主義に対する反対論の根拠とされるのは、なおさら不当な話なのである。溺れている誰かを助ける人は、その動機が義務であろうと、手間賃が支払われることへの期待であろうと、道徳的に正しいことをしている。自分を信頼している友人を裏切る人は、たとえ、その友人の場合以上に大きな恩義のある別の友人の役に立つことが目的だったとしても、罪を犯しているのである。*

*〔原注〕ある批判者（J・ルーウェリン・デイヴィス師(18)）は、知的にも道徳的にも公正さをそなえている人で、そういう人だと言えることは喜ばしい限りなのだが、この一節に反対して、次のように述べている。「溺れている人を助けるのが正しいことか悪いことかは、それを行なうときの動機に間違いなく大きく左右される。専制君主の敵が、専制君主から逃れるために海に飛び込んだのだが、溺れてしまったので専制君主が救出した。しかしそれは、その敵にもっと苛酷な拷問を加えるためだったとしよう。このような救出を〈道徳的に正しい行為〉と論じることで問題は明確になるだろうか？ あるいは、倫理

学の議論で定番の一つになっている例を引いてみよう。ある人が友人の信頼を裏切ったのだが、それは、そうしないと、その友人自身を、あるいはその友人の身内を、致命的に傷つけてしまうからだった、という例である。功利主義に従えば、この裏切り行為を、卑劣この上ない動機から行なわれた場合と同じように、〈犯罪〉と呼ばなければならないのだろうか?」

私の考えを言わせてもらえば、後で拷問して殺害するために溺れている誰かを助ける人と、義務や慈愛心から同じことを行なう人との違いは、動機の点だけにあるわけでない。行為そのものが違っているのである。想定されている今の事例では、誰かを救出することは、放置して溺れさせることよりもはるかに残酷な行為に欠かせない最初の一歩でしかない。もし、デイヴィス氏が「溺れている人を救うのが正しいことか悪いことかを大きく左右するのは」、動機ではなく「意図」であると言っていたのであれば、どの功利主義者も、彼と意見を異にすることはなかっただろう。デイヴィス氏は、大いにありがちであればこそ大目に見るわけにいかない不注意のために、動機と意図という、別の観念を混同してしまったのである。この点ほど、功利主義の思想家たちが(特にベンサムは際立ってそうだったが)手間をかけて説明した点はない。行為の道徳性を全面的に左右するのは意図であり、つまり、行為者が何をする、こ、と、を意志し、て、い、る、か、である。しかし、動機、つまり本人にそうしようと意志させる感情は、行為に違いをもたらさない場合には、道徳性においても何らの違いももたらさない。ただし、動機は、行為者についてのわれわれの道徳的評価には大きな違いをもたらす。とりわけ、動機が習慣的な性向としてよいものや悪いものを示している場合、つまり、有益な行為あるいは有害な行為をもたらす性格の傾向を示している場合はそうである。

しかし、〔自分自身の利益をめざすような動機ではなく〕義務という動機から原理に直接従う形で行なわれる行為に絞って議論を続けよう。功利主義の思考様式だと人々は世界とか社会全般といった広い範囲のことに留意しなければならなくなるというのは、誤解である。善と言える行為の大半の場合、その意図は、世の中全般の利益ではなく、個々の人々の利益である。つまり、世の中を構成している一人一人の個人の利益である。こうした場合には、最も有徳な人ですら、自分が考慮する対象を、特定の関係者を超えてはるか彼方にまで広げる必要はない。例外となるのは、この関係者に利益を与えることが他の誰かの権利を――つまり、正当で公認されている期待を――損ねていないか確認する必要のあるときだけである。功利主義の倫理では、幸福の増大が徳のめざすところである。これを広範囲にわたって行なう能力を誰か(それも千人に一人ぐらい)が持つのは、言いかえれば、社会の恩人となる人が登場するのは、まれなことでしかない。しかも、この人が公的な効用を配慮するよう求められるのは、こうしたまれな場合だけである。それ以外の場合はすべて、私的な効用、つまり、少人数の誰かの幸福だけに留意していればよい。自分の行為の影響が社会全般におよぶ場合に限って、社会全般というような大きな対象に向けて配慮する習慣が必要とされるのである。ある行為を自粛する場合、つまり、道徳的な配慮から人々が行為を控える、という場合には、そういう行為は、有益となる特殊な場合があるとしても、広く一般的に行なわれるとなると社会全体にとっては有害であり、そのことが、行為を自粛する義務の根拠になっている。このことをはっきり理解できないのであれば、賢明な行為者とは言えないだろう。このような理解の中に含まれている公的利益への配慮の度合は、どの道徳体系とも違っていない。なぜなら、どの道徳体系にしても、社会に明らかに有害な物事は何であれ控えるよう命じているからである。

同じ考察によって、効用の理論に向けられている別の非難も片付けることができる。こちらの場合は、道徳の基準の目的と、正と不正の意味そのものに関して、輪をかけてひどい誤解があり、それが非難の根拠になっている。功利主義は人間を冷酷で共感を欠いたものにする、と主張されることは多い。功利主義は、一人一人の人間に対する道徳感情を冷淡なものにし、行為の結果に関する非情で露骨な計算だけに目を向けさせ、行為を生じさせている資質を道徳的な評価に取り入れていない、というのである。この主張の言いたいことが、行為が正しいか正しくないかの判断に、行為者の資質に対する評価が影響することを許していないという点にあるとしたら、これは功利主義への不満ではなく、どんなものであれ道徳の基準を持つこと自体への不満である。なぜなら、間違いなく言えることだが、世に知られているどの倫理的基準であっても、行為の善悪を行為者が善人か悪人かで決めていないし、ましてや、人物として気立てがよい、勇敢だ、慈しみ深い、あるいはそれらと正反対かで決めてはいないからである。

これらの点を考慮に入れるのが適切なのは、行為の評価ではなく、人柄の評価である。だから、人を見たときにわれわれの関心を引くものは行為の正と不正以外にもあるという事実は、功利主義の理論と何ら矛盾しない。たしかに、ストア派の人々は、言葉の逆説的な濫用という、自分たちの体系の一部になっていたものによって、徳以外の一切のものに対して超然としようとした。徳さえあればすべては得られているのであって、そういう人だけが豊かでうるわしく王者なのだ、と彼らは好んで論じたものである。しかし、功利主義の理論は、有徳な人間についてこのような主張はしない。功利主義者は、徳の他にも望ましい特性や資質があることを十分に承知しており、それらのすべてに十分な価値を認めることに非常に積極的である。さらに、正しい行為が必ずしも有徳な性格を示しているわけではなく、また、非難すべき行為が往々にして賞賛に値する資質から生じていることも、功利主義者は理解している。こういうことが個別の事例で明らかになる場合には、行為に関する功利主義者の評価が変わらないのはたしかだとしても、行為者に関する評価は変わってくる。それでもやはり認めておきたい点なので言っておくと、功利主義者は、長い目で見れば善良な性格の最善の証拠となるのは善良な行為だと考えているし、悪質な行為をもたらしがちな精神的性向を善良なものとみなすことは、断固として拒否している。

功利主義者は、以上の点〔行為の評価と行為者の人柄の評価とを区別すること〕のために、多くの人々のあいだで不評である。しかし、この不評は、正と不正との区別を真剣に考える人であれば誰もが共通して引き受けざるをえないものである。だから、覚悟を決めている功利主義者であれば、非難されたからといって、むきになってそれを振り払おうとする必要はない。

多くの功利主義者は、行為の道徳性は功利主義の基準で測られるとしているが、その点だけを過度に注目してしまい、人間を愛すべきものや賞賛すべきものに向かわせる性格上の他の美点を十分に強調していない――もし、反対論の言おうとしているのがこういうことだけなら、認める余地はある。自分の道徳感情は陶冶したものの、共感や芸術的感性を陶冶してこなかった功利主義者であれば、この誤りに陥る。他のすべての道徳論者でも、同じ条件の下にあればそうなる。他の道徳論者に通用する弁明であれば、功利主義者にも同じように使える。つまり、どうしても誤りが避けられないのであれば、こういう誤りの方がまだましだ、という弁明である。実態はどうかと言えば、功利主義者でも他の体系の支持者でも、基準の適用の仕方には、厳格なものから緩やかなものまで、思い浮かべることのできるあらゆる度合が存在していると言ってよい。ピューリタン的と言えるほど厳格な場合もあれば、やましいところのある人や感傷的な人でもおそらくは受け容れられるほど緩やかな場合もある。しかし、全般的に見て、道徳規範に違反する行為に対する制止や予防に関する人々の利益を重視する理論であれば、そうした違反に対しては、他のどの理論にも後れを取ることなく、世論による制裁〔社会的非難という制裁〕を向けることになるだろう。たしかに、何が道徳規範に違反することなのかという問題については、それぞれ異なった道徳の基準を認めている人々のあいだで、見解が異なることもときどきある。とはいえ、道徳問題に関する見解の違いは、功利主義者が最初に世界に持ち込んだわけではない。この理論は、むしろ、そうした違いを解決するために、必ずしもつねに簡便な方法ではないとしても、ともかく明確でわかりやすい方法を提供しているのである。

功利主義の倫理に関するよくある誤解には、誤解だとすぐにわかるひどい誤解で、公平で聡明な人にはありえないように思えるものもある。そういう誤解について多少触れておくのも、無駄ではないだろう。なぜかと言えば、すぐれた精神的資質に恵まれた人ですら、先入観を持っている意見に関しては、その趣旨を理解するために手間をほとんどをかけないし、人々はたいてい、自分から進んで陥っているこういう無知には無自覚だからである。そのため、高尚な原理と哲学の双方に通じていると誰よりも自負している人たちによる念入りの著作においてであっても、倫理理論に関する最低レベルの誤解に出会うことが絶えない。

よく耳にするのは、効用の理論は神を抜きにした理論だという非難である。ただの思い込みにすぎないものについても、とりあえず反論が必要だとすれば、この問題は、神の道徳的性質について、われわれがどう考えるかに左右される、と言っておけばよいだろう。神は何にもまして自分の被造物の幸福を望み、神はそれを創造の目的としていた、というのが真の信仰なのだとすれば、効用の理論は神を抜きにしていないし、それどころか、他のどんな理論よりも、深い宗教性のある理論である。非難の趣旨が、功利主義者は神が啓示した意志を最高の道徳規範として認めていないということだとしたら、私は次のように返答しよう。神の完全なる善性と英知を信じる功利主義者であれば、当然のことながら、道徳という主題に関して啓示するのがふさわしいと神が考えたことはすべて、効用が最高レベルで必要だとしている要件を満たしているにちがいない、と考えるものである。

もっとも、次のような見方をしてきたのは、功利主義者に限られず、他の立場の人でも同様である。つまり、キリストの啓示は、何が正しいかを非常に一般的な形で語ることはあっても、それ以外の場合には、むしろ、自分自身で正しいことを見つけられる心のあり方を人々の心情と知性に伝え、また、人々が正しいことを見つけたときには、それを行なう気持ちにさせることが意図されていたし、また、そういうことに適した形になっていた。だから、神の意向を人々に向けて解釈するためには、神の意向に注意深く従う倫理の理論が必要になる。この意見が正しいかどうかは、ここで議論しなくてもよい。なぜなら、自然宗教であれ啓示宗教であれ[19]、宗教が倫理の探究に役立つ点は何であれ、他のどの道徳論者と同じように、功利主義の道徳論者でも援用できるからである。有用性や幸福と無関係の先験的な規範を示すために宗教を用いることは、正当な権利だから、やってよいことである。同じように正当な権利によって、功利主義者の道徳論者は、特定の行為方針について有益とか有害だと神が証している、というように宗教を用いてよいのである。

ところで、効用は、不道徳な主張だという烙印が安易に押されてしまうことも多い。これは、効用を「便宜」と呼び、この言葉を「原則」と対立させる通俗的な語法に便乗したものである。しかし、正しさと対立する意味での便宜が一般的に意味しているのは、行為者本人の個人的利益に便宜的な〔好都合な〕もの、ということである。たとえば、ある大臣が自分の地位を守るために、自国の利益を犠牲にする場合などである。

便宜は、これよりは多少まともな意味の場合でも、目先にある何か一時的な目的にとって便宜的なものということである。これだと、規則を守ればはるかに大きな便宜になるのに、そういう規則を破ってよいことになる。この意味での便宜は、有用と同じであるどころか、有害なものの一つである。こうなると、嘘をつくことも、多くの場合、一時的な難局をやり過ごしたり、自分や他の人々にとって当座の役に立つものを手に入れたりするための便宜〔方便〕になるだろう。しかし、自分たちの行為を通じてもたらされる物事について、嘘をつかないよう気遣う感情は、育むのが最も有益なことであって、弱めるのは最も有害なことである。また、事実を曲げることは、たとえ故意でなかった場合でも、人間の語る言葉に対する信頼性を大いに弱めてしまう。この信頼性は、現在のあらゆる社会的な利益の重要な支柱であるが、それだけではない。信頼性が不十分だと、それは特定できる他のどんな物事にもまして、文明という、人間の幸福のあらゆる基礎を最大規模で左右している利点を損ねてしまうことになる。規則が目先の利益を超えるこうした便宜をそなえていながら、それを目先の利益のために破ることを、われわれは、便宜だと感じないのである。たがいに他の人間の言葉に多少なりとも信頼を置く関係にあることにつけ込んで、自分自身や誰か他の人の都合のために、人々からこの利益〔言葉への信頼〕を奪い取って害悪を加える人物は、むしろ、人々にとっての最悪の敵として行動していると感じるものである。

とはいえ、こういう神聖な規則ですら例外のありうることは、すべての道徳論者が認めている。重要な例外としては、ある事実を伏せておくこと（たとえば、犯罪者に情報が伝わらないようにすることとか、重篤な病状であることを病人に知らせないこと）がある。これは、巻き込む意味のない深刻な害悪から人を（特に〔情報を知っている〕当人以外の人を）守ることになるし、しかも、〔嘘をつかなくても〕口を閉ざしていれば、それだけでできることである。ただし、この例外が必要以上に広がらないようにし、ありのままが語られているはずだという信頼感を、最大限、損なわないようにするためには、例外であることを認め、できれば例外の限度も決めておかなければならない。効用の原理が役に立つ場合があるとすれば、間違いなくそれは、このように一方の効用が他方の効用と対立したときに両者を評価して、それぞれが優位に立つ範囲を区切る場合なのである。

さらにまた、効用の立場を擁護する論者たちは、別の反対論に応える必要に迫られることも多い。行為に先立って、一定の行動方針が社会全般の幸福にどう影響するかを計算したり比較秤量したりする時間などない、という反対論である。こういう反対の仕方だと、まったく同じようにして、何かしなければならなくなるごとに新約聖書と旧約聖書を読み通している時間などないのだから、キリスト教で自分たちの行為を導くのは不可能だ、と誰もが言わざるをえなくなる。この反対論に対しては、これまで時間はたっぷりあった、つまり、人類の過去すべての時間があった、というのが返答になる。この全期間を通じて、人間は経験によって、いろいろな行為のそれぞれの傾向を学んできた。そういう経験にもとづいて、生活上のあらゆる思慮とあらゆる道徳は成り立っている。人々の口ぶりでは、まるで、こうした経験による学習は今しがた始まったばかりであるかのようであり、また、他人の財産や生命に手出ししたい気持ちに駆られた人間は、その時点で初めて、殺人や窃盗が人々の幸福を損ねるのかどうかを考え始めるかのようである。たとえ、そうだったとして、この人間にとってこれが大難問だとは、私は思わない。ともかくも本人は〔行為にとりかかろうとしている〕現時点で、〔どう行為するかという〕問題の答えを手中にしているのである。

人々が、効用を道徳の判断基準と考える点で一致しているのに、何が有益であるのかという点では一致のないままにとどまり、何を若者に教え法律や世論で強制するのかに関して、見解の一致をもたらす方策を何も講じていないと考えるのは、筋道がまったく通っていない。どこにでもあるような愚かさと結びつけて考えれば、どの倫理的基準にせよ、何らかの不具合があると証明するのは難しくない。しかし、これ以外であればどんな仮定をしても、人々は現在に至るまでのあいだに、ある一定の行為が自分たちの幸福におよぼす影響に関して明確な信念を獲得してきている、ということになるにちがいない。また、そのようにして受け継がれてきた信念は、大多数の人にとっては道徳規範となっている。哲学者の場合でも、自分がもっとよいものを発見するまでのあいだはそうである。〔その一方で〕哲学者たちが多くの問題についてそのような発見をすることは、現在においてすら容易だろうと、私は認めているし、それどころか、熱心に主張してもいる。世の中に受け容れられている倫理規範が、けっして神聖不可侵の権利を持つものでないことや、社会全般の幸福に対する行為の影響に関しては、人々にはまだ多くの学ぶべき点が残されていることについても、同じである。効用の原理に付随する二次的な準則《コロラリー》は、あらゆる実践的技術の教程と同じように、無限に改善を加えることができるし、人間の知性が進歩していく限り、そうした改善は絶えず続いていくのである。

しかし、道徳のいろいろな規則は改善が可能だと考えるからといって、中間的な一般化〔二次的な準則〕をすべて無視して、個々の具体的な行為を第一原理〔効用の原理〕で直接に査定するということにはならない。第一原理を認めてしまうと、いろいろな二次的原理を取り入れることができなくなる、という考え方はおかしい。旅行者に本人が行こうとしている最終目的地がどこにあるかを教えることは、途中にある目印となるものや道標の利用を旅行者に禁じることではない。幸福を道徳の最終目標とする主張は、この目標につながる道筋を指定してはならないとか、その最終目標をめざして進んでいる人に、ある方向ではなく別の方向をとるよう助言してはならない、ということを意味してはいない。実践的関心が向けられる他の問題であれば、誰もが口にしようともせず耳を貸そうともしない無意味な議論は、道徳の問題に関しても、本当にやめるべきなのである。船乗りは航海暦の計算を待っていられないのだから、天文学は航海術の基本にならない、などと誰も論じたりしない。船乗りは理性をそなえているから、計算済みの航海暦を持って船出する。そして、理性をそなえた人間は誰でも、正と不正という誰にでも身近な問題に関してばかりでなく、はるかに難しく賢明さと愚かさとの分かれ目になる問題の多くに関しても、自分の考えをしっかり定めた上で、人生の航海に乗り出している。そして、先々を見越す能力が人間にそなわっている限り、理性をそなえた人間たちは、同じことを今後も続けるだろうと、推定してよいだろう。道徳の根本原理としてどんなものを採用するにしても、その原理を適用するときには、補助的な原理が必要になる。それらの補助的な原理なしで済ませられないことは、すべての〔道徳の〕体系に共通しているから、そのうちのどれか特定の体系に反対する議論にはならない。ところが、あたかも、二次的原理など得られるものでなく、人間生活の経験から一般的結論を引き出すことはこれまでなかったし、今後もずっとそうであるかのように主張されている。これは非常に問題のある主張であり、私の考えでは、これまでの哲学的論争がたどり着いた不合理な主張の中でも最たるものである。

功利主義への反対論としては、他にもまだ残っているものがある。その大半は、人間本性上のどこにでもある弱点や、良心的な人々が自分の生き方を定めるときに一般的に困惑の元となっている困難を、功利主義のせいだと非難している。功利主義者は、自分自身の個人的事例を道徳の規則に対する例外としがちであり、誘惑があると、規則を守ることよりも破ることに、いっそう大きな効用を認める傾向がある、と指摘されている。しかし、悪行の口実や自分自身の良心をごまかす手段を与えることのできる信条は、効用に限られているだろうか。そうした口実や手段を提供することは、いろいろな考慮のあいだで衝突が存在するのは道徳上の事実だと認める理論であれば、どんな理論からも可能である。そのような衝突が存在するという事実は、良識ある人々が信じてきたあらゆる理論が認めているのである。

行為の規則は、どんな例外も必要としないように定めることはできないし、どんな類いの行為でも、つねに義務であるとかつねに非難すべきものとして確実に規定することもほとんどできない。この欠陥は、どの信条のせいでもなく、人間にかかわる物事の複雑な性質によるものである。行為者に道徳的責任を負わせながらも、特異な事情に合わせるために、ある程度の許容範囲を認めることで、道徳規範の厳格さを緩和しないような倫理的立場は存在しない。このようにして隙間ができれば、どの立場であろうと、自己欺瞞と不誠実な詭弁が入り込んでくる。どの道徳体系でも、義務と義務とのあいだで衝突が生じて白黒の決着がつかないケースが出てくる。こうしたことは現実に存在している困難であって、倫理理論においても、個人が良心的に行為をしようとする場合においても、解決が難しいところなのである。

困難の克服に関する成功の大小は、当の個人の知性と徳に左右される。だからといって、対立し合っている権利や義務が訴えることのできる最終的基準を持っていると、その分だけ困難に取り組むのに不適格となる、とは言えないだろう。効用が道徳的義務の根源だとすれば、道徳的義務どうしが両立できない場合には、決着をつけるために、効用に訴えることになるだろう。この基準を適用するのは難しいかもしれないが、何もないよりはよい。他の体系の場合は、いろいろな道徳的規則がどれも、独立した権威を主張しているので、それらのあいだに介入できる共通の判定基準がない。それらの規則は他の規則に対する優位を主張するものの、その根拠はほとんど詭弁同然である。決着のつかないことが一般的で、その場合は、自覚のないままで効用の影響を受けるために、個人的な欲望や偏りの絡んだ行為に好き勝手を許してしまうのである。第一原理に訴える必要が出てくるのは、二次的原理のあいだでのこうした衝突が生じる場合だけであることを、われわれは銘記しておくべきである。道徳的義務は、必ず、何らかの二次的原理をともなっている。また、たとえ二次的原理が一つしかない場合であっても、その原理がどんなものかを理解している人であれば、頭の中で、どちらが第一原理でどちらが二次的原理なのかについて迷うということは、現実にほとんどありえない[20]。

第三章　道徳的行為を導く動機づけについて

どんな道徳の基準が考えられている場合でも、それとの関連で問われることが多く、また、問われて当然な問いがある。その道徳基準のサンクション[1]はどんなものなのか、その道徳基準に従う動機は何か、という問いである。さらにははっきりした問い方をすると、人を義務づけるものは元々どこにあるのか、義務の拘束力はどこから引き出されてくるのか、ということである。

この問題に答えることは、道徳哲学の欠かせない一部である。他の道徳以上に功利主義の道徳に特に当てはまるかのように、功利主義の道徳に対する反対論の形で頻繁に提起されている問題だが、実際にはどの基準でも生じる問題である。事実、この問題は、基準を取り入れたり、道徳の根拠をこれまで馴染みのなかったものに置いたりすることが必要になるときには、いつでも起きている。なぜなら、本来的に義務的なものだという感情を心の中に生じさせる道徳は、慣習的道徳、つまり、教育と世論が神聖化してきた道徳だけに限られているからである。だから、人々に向かって、この道徳〔慣習的道徳〕が義務づけの力を引き出しているのは、慣習によって神聖化されていない一般原理からだと考えるよう説いても、それは、人々にとって奇妙な主張に聞こえるのである。この〔慣習的〕道徳は二次的に引き出されてきた原理だと考えられるのに、大元の第一原理よりも、ずっと拘束力を持っているように思えるのである。土台として示されるものがあるよりも、ない方が、地上にある建物はしっかり建っているように思える、というわけである。こういう人々は、自分に向かって言う。自分は盗んだり殺したり、裏切ったりだましたりしてはならないと感じているが、しかし、なぜ、社会全般の幸福を増進しなければならないのか。それとは別の何かに自分自身の幸福があるのだったら、なぜ、そちらを選んではいけないのだろうか。

こういう困った事態は、道徳感覚の性質に関して功利主義理論がとっている見方が正しいとすれば、つねに生じてしまう。そうならないために必要なのは、道徳的性格を形成しているいろいろな影響が、しっかりとした場所につなぎ止められていること、つまり、それらの影響のもたらす何らかの結果〔道徳的に望ましい結果〕から引き出されてくる原理につなぎとめられていることである。つまり、教育の改善によって、人間どうしの一体感（キリストは間違いなくそれをめざしていた）が性格の中に深く根を下ろし、たとえば、ふつうにきちんと育てられた若者が犯罪を忌み嫌うように、そうした一体感が完全に本性の一部だと思えるぐらいになる必要がある、ということである。しかし、そうなるまでの当面のあいだについて言えば、こういう困った事態は、効用の理論に特有のものではなく、道徳を分析して原理にまとめ上げようとするあらゆる試みについてまわることになる。これらの試みはどれにしても、原理が人々の心の中で、どの応用にも劣らない神聖さを帯びてこないあいだは、いつでも、応用の側にある神聖さを多少なりとも損ねるように思えてしまうのである。

効用の原理は、他のどの道徳体系にもそなわっているすべてのサンクションを持っているし、持てないだろうとする理由もない。サンクションには、外的なものと内的なものがある。外的なサンクションについては、詳しく述べる必要はない。それは、われわれと同じ人間たちや、宇宙の支配者（神）から与えられる好意への期待と不興へのおそれである。他にも、これらの存在に対する共感や愛着から生じてくるものがあれば、あるいは、利己的な利益を絡めず言われる通りにしようという気持ちにさせるそれらの存在への愛や畏敬から生じてくるものがあれば、それらもすべて加わってくる。義務に従わせるこれらすべての動機と道徳との結びつきは、功利主義の道徳だからといって他の道徳の場合のように全面的かつ強力にはならないのだ、とする理由はない。そのことは明らかである。

実際、義務に従わせる動機のうち、〔神ではなく〕人間とのかかわりを持っている動機は、人々全般の知性のレベルに比例してではあるが、功利主義道徳と全面的かつ強力な形で結びついている。なぜなら、社会全般の幸福の他に道徳的義務の根拠があってもなくても、現実に人々は幸福を望んでいるからである。また、人々は、自分自身では大して実行していなくても、自分に向けられた他人の行為の場合は、自分の幸福を増進すると思われるものはすべて、してもらいたいと思い誉めたたえているからである。宗教的な動機に関しても、大半の人々が信じていると公言しているように、もし神の善性を信じるとすれば、社会全般の幸福に役立つということが善の本質だと考える人や、善に関する唯一の判断基準ですらあると考えている人は、当然のことながら、神もそれを認めていると信じているにちがいない。

こういうわけで、功利主義の道徳が認められていけば、それにつれて、この道徳を守らせるために、神や人間に対する無私の献身への外的な賞罰の力全体を利用できるようになる。つまり、神に由来する賞罰の力も同じ人間たちに由来する賞罰の力も、さらに、人間の本性上の能力が受容できる賞罰の力であればどんなものでも利用できるようになる。そして、これらのものが強力になればなるほど、教育や一般教養のための仕組も、この〔功利主義道徳を守らせるという〕目的にいっそうかなったものになるのである。

外的サンクションについては、ここまでにしておこう。義務の内的サンクションは、義務の基準がどんなものであれ、同一である。つまり、われわれの心の中にある感情である。それは、多少の程度の違いはあるものの強い苦痛の感情であり、義務の違反に付随して起きる。適切に育成された道徳的性質には生じてくる感情であり、重大な場面では、とてもできないという気持ちにさせて義務違反を阻む。この感情に私心がなく、個別具体の義務とかたんなる付随的な状況にではなく、義務の純粋な考え方に結びつくと、それが良心の本質ということになる。ただし、この単純な事実は、実際に存在する場合には複雑な形で現われていて、たいていは、並存関係にあるものによってまるごと覆われている。たとえば、共感とか情愛とかであり、さらに多いのは恐怖である。あらゆる形の宗教的感情もそうである。子ども時代の想い出や自分の過去全体の想い出の場合もある。また、自尊心や他人から尊敬されたいという欲望、さらには、自分を卑下する想いの場合すらある。この極端な複雑さが、私の理解では、道徳的義務の観念にあるとされがちな神秘的性格の起源である。こういう見方は、人間精神の一つの傾向によってもたらされるものであり、他にも多くの例がある。この傾向のために、道徳的義務の観念が結びついている物事では、どんな場合でも、想定上の神秘的な法則が自分の現在の経験の中でこの観念を生じさせているのであり、他の形では生じようがない、と人々は信じ込んでいるのである。しかし、道徳的義務の拘束力が成り立っているのは、正しさに関する自分たちの基準に背くことをするためには突破しなければならない一連の多くの感情が存在しているからである。また、こういう拘束力がありながら、基準に背いてしまう場合には、後々に後悔の形でこれらの感情に直面しなくてはならなくなるのである。良心の性質や起源についてどんな理論を持つにしても、良心は、そもそもこのようにできている。

したがって、あらゆる道徳の究極的サンクションは、(外的な動機の他には)われわれ自身の心の中にある主観的感情である。だから、何がこの基準の場合にサンクションになるのかという問題で、効用を基準とする人々を困惑させるようなものは、私の見るところでは何もない。他のすべての道徳基準と同じであり、人間の良心的な感情である、と答えればよいのである。もちろん、このサンクションには、その訴えに反応する感情を持たない人々を拘束する効果はない。しかし、そういう人々は、功利主義の原理ばかりでなく、他のどんな道徳原理にも従おうとしないだろう。彼らに対して効果があるのは、どの道徳であっても、外的なサンクションだけである。そういう場合はともかくとして、良心的な感情は存在しているし、そのことは人間本性における事実である。この感情が現実的なものであり、適切な形で育成されている人々に対して大きな力を発揮できることは、経験が証明している。良心的な感情を道徳と強力に結びつけながら育成することは、他の道徳の規則にはできても、功利主義の道徳にはできない、という理由がこれまで示されたことはない。

道徳的義務の中に先験的な事実、つまり「物自体」の領域に属する客観的実在を見る人は、道徳的義務をもっぱら人間の意識の中にある完全に主観的なものと考える人以上に、この義務によく従うだろうと信じがちであることは、私も承知している。しかし、存在論上のこうした点についてどんな意見を持つ人であっても、その人を現実に動かしている力はその人自身の主観的感情であり、この力をきちんと測るとなると、そのような主観的感情の強さによってということになる。誰の場合でも、義務は客観的実在だという信念は、神は客観的実在だという信念ほど強くない。それに、神を信じることが行為に作用するといっても、現世にいるあいだにもたらされる賞罰の予想を別とすれば、やはり、主観的な宗教的感情を通じて、また、その感情に比例して作用することに限られている。

サンクションは、無私のものである限りは、つねに心そのものの中にある。それだったら次のようになってしまうと、先験的道徳論者は考えるにちがいない。このサンクションは、心の外に根源があると信じていなければ、心の中に存在することはないだろう。人が自分自身に向かって、「私を拘束し私の良心と呼ばれているものは、私自身の心の中にある感情にすぎないのだ」と言えるとしたら、おそらくそこから出てくる結論は、この感情がなくなれば義務もなくなる、ということになる。この感情が不都合だと思えば、無視し消し去ろうとするだろう。しかし、このような危険は、功利主義の道徳に限られるのだろうか。道徳的義務が心の外にあると信じると、道徳的義務の感情は消し去れないほど強くなるのだろうか。事実はまったく違う。だからこそ、どの道徳論者も、大方の人々の心の中では良心は実に簡単に沈黙させられ押し殺されてしまうことを認め、嘆いているのである。「私は自分の良心に従う必要があるのか」という、よくある自問をするのは、効用の原理の支持者に限られない。この原理を耳にしたことのない人たちも同じである。この自問をしてしまうほど良心的な感情の弱い人が、良心に従うのは必要だと答えるとしたら、それはこの人が先験的理論を信じているからではなく、外的サンクションのためである。

ここでのさしあたりの目的にとっては、義務の感情が生得のものか教え込まれたものかを決定する必要はない。義務の感情が生得的なものだと想定しても、それがどんな対象と結びつくのかという問題は未解決である。なぜなら、生得理論の哲学的支持者たちが、現在、一致しているところによれば、直覚によって認識されるのは道徳の原理であって、具体的な細かい点ではないからである。もし、ここでの議論との関連で何か生得的なものがあるとしたら、他人の快楽や苦痛を思いやる感情だろう。このことを否定する理由は、私には見当たらない。直覚によって義務づけられるような道徳原理があるとすれば、そのようなものにちがいない、と言いたいところである。もしそうだとしたら、直覚主義の倫理は功利主義の倫理と一致し、両者のあいだの論争はもはやなくなることだろう。現在においてすら、直覚主義の道徳論者は、道徳的に義務づける力で直覚的なものは他にもあると考えているとしても、こういうものもその一つだと、実際に考えているのである。なぜなら、彼らの一致した見解では、道徳の大きな部分を左右しているのは、自分と同じ人間たちの利害に向けるべき配慮だ、ということになっているからである。したがって、道徳的義務の起源が先験的だという考え方が、内的サンクションの効力をいくらかでも増強しているとすれば、私の見るところでは、功利主義の原理はすでにその利点を手にしていることになる。

　他方で、私自身が考えているように道徳的感情が生得的ではなく後天的なものだったとしても、だからといって、道徳的感情が不自然なものになるわけではない。話したり推論したり、都市を建設したり土地を耕作したりすることは、いずれも後天的な能力だが、人間にとっては自然なものである。たしかに、道徳的感情は人間本性の一部ではない。全員に存在していることが多少なりとも見て取れるという意味でなら、そうである。しかし、残念ながらこれが事実であることは、道徳的感情の起源が先験的であると最も強く信じている人々が認めている。先ほど挙げた他のいろいろな能力と同様に、道徳的能力も、人間本性の一部ではないとしても、人間本性から自然に成長したものである。他の能力と同様に、自力で芽生えて小さいながらも一定の高さにまではなるし、また、育成することで大いに伸張させることもできる。さらに言うと、よくないことではあるが、外的なサンクションと幼少期の印象づけの力を十分に駆使すれば、道徳能力は、ほとんどどんな方向にも育成できる。そのため、これらの影響力を用いるときには、良心の権威の力すべてを発揮して道徳能力が人間の心に作用するよう心がけておかないと、これ以上に不合理だったり有害だったりする事態はほとんどない、ということにもなる。効用の原理の場合でも、同じ手段を使えば同じ効果が得られる。このような手段が、たとえ人間本性に基礎を置いていない場合でもそうである。それを疑うのは、あらゆる経験に目を背けることに等しいだろう。

とはいえ、道徳的連想の全体が人工的な結びつきでできている場合には、知性の陶冶が進むにつれて、連想の結び目をほどいていく分析の力に徐々に屈服していくことになる。(2) 義務の感情が、連想の形で効用に結びついている場合でも、同じように恣意的なものに見えたとしてみよう。人間本性の中に、この連想に調和をもたらすような主導的部分、強力な一連の感情がなかったとしてみよう。つまり、この連想を自分にしっくりくるものと感じさせ、他の人々の中に育ててやろう（そうすればこちらにとって有益だ、という動機は十分にある）という気持ちにさせるばかりでなく、自分自身の中でも大切にしたいと思わせてくれるものがなかったとしてみよう。手短かに言えば、功利主義の道徳に、感情面で自然な基礎がなかったとしたらどうなるだろうか、ということである。こういう場合、義務の感情と効用との連想を教育によって植え付けておいたのに、後になってから分析のせいでしおれてしまう、ということがあっても不思議ではない。

しかし、この強力な自然的感情という基礎は存在している。しかもこの基礎は、いったん社会全般の幸福が倫理の基準だと認められれば、功利主義道徳の強みそのものになるだろう。その強固な基礎とは、人間の社会的感情という基礎のことである。つまり、同じ人間どうしで一体化したい、という欲求である。これはすでに、人間本性の中にある強力な本来的要素であり、幸いなことに、たとえ目に見える形で教え込まれなくても、文明の進展がもたらすいろいろな影響のおかげで、いっそう強力になる傾向にある。社会の中に暮らす状態が、ごく自然で大いに必要不可欠となり、人間にとってまったく当たり前のようになってしまえば、何か異常な状況に置かれるとか、自分から進んで抽象的な考え方をしてみるといった場合を除いて、人間は、集団の一員でないような自分のあり方を思い浮かべたりしない。そして、こういう連想の結びつき方は、人間が未開の独立状態から遠く離れて行くにつれて、いっそう強固になっていく。そのため、人々が社会の中に生まれ、社会の中にあることがすでに自分たちの運命になっている状況では、社会という状態に欠かせない条件はどれも、そうした状況についての見方として誰もが持っているものの一部分となり、その見方とますます切り離せなくなっていくのである。

現在では、主人と奴隷の関係を除けば、すべての人々の利害が顧慮されるという基礎がなければ、人間どうしの社会が成り立たないのは明らかである。平等な人々どうしの社会が存在できるのは、すべての人々の利害が平等に配慮されるという了解にもとづく場合に限られる。さらに、どの文明状態であっても、絶対君主を別とすれば、すべての人に対等者がいるわけだから、どの人も他の誰かと対等な条件で暮らしていかざるをえない。その上、どの時代でも、これ以外の条件では誰とも長く一緒に暮らしていけなくなる状態へと進んでいく歩みが、なにがしかはある。このようにして、人々は、自分たちが他の人々の利害を完全に無視できるような状態を想像できなくなっていく。人々は、自分たちは少なくとも重大な危害を〔他人に〕加えたりせず、そういう危害にいつでも反対しながら（たとえ自分自身の保護のためだけだったとしても）暮らしていくのだと、考えざるをえなくなる。人々はまた、他の人々と協力したり、自分たちの行動の（少なくとも当座の）目的として、個人の利益ではなく集団の利益を掲げたりする現実にも馴染んでいる。人々が協力している限り、彼らの目的と他の人々の目的は同じものになる。他の人々の利益は自分たち自身の利益だという感情が、少なくとも一時的には生じるのである。

社会的な絆がひたすら強化され、社会が健全な発展の一途をたどっていくと、各個人は、他の人々の幸福に現実的な観点から配慮することによって、いっそう大きな個人的利益を得ることができるようになる。そればかりではない。さらに各個人は、自分の感情をますます他の人々の幸福と重ねるようになるし、少なくとも、他の人々の幸福に対してこれまで以上に多くの配慮を現実的観点からすることが、自分の感情の一部になっていく。こういう個人は、まるで本能に導かれるかのようにして、他の人々に当然のこととして配慮する人間として自分を意識するようになる。この個人にとって、他の人々の幸福は、人間生活のあらゆる物的条件と同じように、自然な形で、しかも必ず注意を向けるべき対象になる。そうなると、人はこの感情をどの程度持っているにせよ、利益と共感といういずれも最強の動機によって、この感情を示そうという気になる。さらに、自分の全力を尽くして、この感情を持つ他の人々を応援しようという気にもなる。また、たとえ自分自身がこの感情をまったく持っていなくても、別の人がそれを持つことについては、誰にも劣らず大きな関心を持つのである。以上の結果として、この感情のごく小さな芽生えが、共感の広まりと教育の影響力によって根づき育まれる。そして、その周囲には、外的なサンクションが強力に作用することによって、切れ目のないしっかりした連想の網の目が編み上げられていくのである。

自分自身と人間生活についてのこのような見方は、文明が進展していくにつれて、ますます自然なものに感じられるようになる。政治が改善されれば、そのたびごとに、いっそうそういう感じ方になってくる。利害対立の原因が除去されるからである。また、個人や階級のあいだで法的特権の不平等があるために、自分の幸福が依然として簡単に無視されてしまう人々が非常に多いのだが、そうした不平等が解消されていくからでもある。人間精神の改善が進んでいる状態では、自分以外のあらゆる人々との一体性の感情を各個人の中に生じさせる傾向のある影響が、絶えず増加している。もし、この感情が完全な形になれば、各個人は、自分自身には有利であっても、他のすべての人々の利益が対象外になっているような状態など、考えもしないし望みもしないことだろう。

そこで、この一体性の感情が宗教として教えられていると仮定してみよう。また、かつての宗教と同じように、この宗教を公言する人や実践する人が四方八方から取り囲んですべての人間を育て上げるために、教育や制度や世論の持っている力が総動員されていると仮定してみよう。この見方を理解できる人は誰でも、私の考えでは、幸福道徳〔功利主義道徳〕の究極のサンクションは不十分ではないか、と憂慮したりしないだろう。理解困難だと思う倫理学究者がいれば、誰であれ私はその人に、理解を促進する手段として、コント氏の二大著作の二番目である『実証政治学体系』(3)をお勧めしよう。私は、この著作で説かれている政治と道徳の体系については、誰にもまして強く反対している。しかし、この体系は、私の考えでは、宗教の持つ精神的な力と社会的効力の双方の点で、たとえ神への信仰の力を借りなくても、人類に貢献する可能性を十二分に示している。それは人間の生活に定着して、あらゆる思考、感情、行動に影響を与えることができるだろう。この影響の仕方を見れば、これまでの宗教によって行使された最大の支配力ですら、たんなる見本か試供品でしかないほどである。

そういうわけで、この影響の仕方にともなう危険は、力不足ということではなくて、むしろ、行き過ぎていて人間の自由と個性に不当に干渉してしまうところにある。

こうした一体性の感情が、功利主義の道徳を認めている人々にとって、この道徳の拘束力になっている。だとすれば、この感情が、広く人類全体に功利主義道徳の課す義務を感じさせる社会的影響力となるまで待っている必要はない。われわれが今生きているのは、人間の進歩における比較的初期の段階であり、たしかに、この段階では、他のすべての人々に対する完全な共感を持つのは無理である。そうした共感のおかげで、各人の人生の一般的な行動方針のあいだで本当に衝突と言えるようなものは起こらずに済む、ということにはならない。とはいえ、すでに今でも、多少なりとも社会的感情が発達している人であれば、他の人々を、幸福の手段をめぐって争う相手だと考えてはいない。自分の目的を達成するためには、他の人々の目的達成を挫くしかないと考えてはいない。現在においてすら、どの個人にも、自分は社会的存在だという、根強い見方がある。その見方が、自分の感情と他の人々の感情とのあいだに和合を望むことは自分の自然的な欲求の一つだ、と感じることにつながっている。このような個人でも、意見や精神的陶冶の違いのために、他の人々が実際に持っている感情を共有できないこともある。その場合、この個人は、そうした他人の感情をおそらくは非難し許容しないだろう。しかし、それでもやはり、この個人が自覚しておくべき点はある。それは以下の点である。本当にめざしている目的に関しては、自分は他の人々と対立しているわけではない。他の人々が本当に願っていること、つまり彼らの幸福に、自分は反対しているのではない。むしろ自分は、彼らの幸福の増進を願っているのである。

大方の人々について言えば、一体性の感情は、利己的な感情よりもはるかに弱く、まったく欠如していることも少なくない。しかし、この感情を持っている人の場合は、自然的感情のあらゆる特徴をそなえた感情になっている。この感情は、彼らの精神にとっては、教育のもたらした迷信とか社会の権力が押しつけた専制的な規範ではなくて、自分たちの幸福に欠かせない特質である。この確信こそ、最大幸福の道徳が持つ究極のサンクションである。他の人々に対する配慮を促す外的な動機は、外的なサンクションと私が呼んできたものによって与られている。今述べた確信のおかげで、十分に発達していればどんな精神でも、この外的動機と対立せずに協力して働くようになる。そして、外的なサンクションが欠如していたり、外的サンクションが〔他の人々への配慮とは）逆方向に働いていたりする場合には、この内的サンクションが本領を発揮して、性格の中にある感受性や思慮深さに比例する形で、強力な内的拘束力になる。なぜなら、自分自身の私的利益に強く縛られている場合は別としても、他の人々をまったく顧慮しない生き方で自分の人生を歩んでいくことは、心の中で道徳が空白になっている人でなければ、ほとんど誰にも耐えられないからである。

第四章　効用の原理の証明について

すでに述べたように[1]、究極目的の問題は、証明という言葉で一般に理解されている意味では、証明できるものではない。推論による証明ができないことは、すべての第一原理に共通している。知識の第一の前提についても、また、行為の第一の前提についても同様である。しかし、知識の第一の前提の場合は、事実の問題であるので、事実を判断する能力、つまり、感覚や内的意識に直接訴えてもよい問題である。実践上の目的の問題でも、同じ能力に訴えることができるのだろうか。それとも、他にそうした能力があるのだとしたら、それは何なのだろうか。

目的に関する問題は、言いかえれば、何が望ましいかについての問題である。功利主義の理論によれば、幸福が目的として望ましいものであり、また、唯一望ましいものである。幸福以外のすべてのものは、幸福という目的のための手段として望ましいにすぎない。信じるに足る主張としての妥当性を与えるためには、この理論に何を要求すべきだろうか。この理論はどんな要件を満たす必要があるのだろうか。

ある物体が目に見えるものだということの証明として唯一可能なのは、その物体が実際に人々に見えていると示すことである。ある音が耳に聞こえるものだということの証明として唯一可能なのは、それが人々に聞こえていると示すことである。われわれに経験をもたらしている他のものについても、同じことが言える。同じように、私の理解では、どんなものであれそれが望ましいものだと言える唯一の証拠は、それを実際に人々が望んでいるということである。

仮に、功利主義の理論が目的として主張しているもの〔幸福〕が、理論においても実践においても目的だと認められなければ、何を引き合いに出そうと、誰もこの主張に納得しないだろう。それぞれの人が、達成できると考えている範囲内で、自分自身の幸福を望んでいるという理由以外に、社会全般の幸福が望ましいことの理由は示せない。しかし、このことは事実であるから、この問題に関する証明として可能であるとともに、要求できるすべてでもあるものを、われわれは手に入れたことになる。幸福が善であること、それぞれの人の幸福はそれぞれの人にとって善であること、それゆえ、社会全般の幸福がすべての人々からなる全体にとって善であることは、このようにして証明される。(2)　幸福には、行為のさまざまな目的の一つという資格が与えられ、したがってまた、道徳の基準の一つという資格も与えられたことになる。

しかし、これだけではまだ、幸福が唯一の基準だということの証明にはなっていない。その証明をするためには、〔事実を根拠にするという〕これまでと同じ方式に従って、人々が幸福を望んでいるということだけではなく、人々が幸福以外には何も望んでいないということを示す必要があるだろう。ところで、人々が現に望んでいるものは、ふつうの言い方では、幸福とはっきり区別されている。これは明らかなことである。人々は、徳を望み悪徳に染まっていないことを望んでいる。それは、快楽があって苦痛がないことと同様に、実際に望まれていることである。徳を望むことは、快楽を望むことほど普遍的ではないにせよ、同じように正真正銘の事実である。そのため、功利主義の基準に反対する人々は、自分たちには次のように推論する権利があると思っているようである。つまり、人間の行為の目的には幸福以外のものがあり、幸福は是非を認定する基準ではない、というのである。

しかし、功利主義の理論は、人々が徳を望んでいることを否定したり、徳は望まれるべきものでないと主張したりしているだろうか。まったく逆である。功利主義の理論は、徳は望まれるべきだと主張しているばかりでなく、徳はそれ自体のために私心を離れて望まれるべきだと主張している。徳が最初に生成してくるときの条件について、功利主義の道徳論者の意見がどんなものかは、ひとまず措くとしよう。また、有徳な行為や性向は、徳以外の目的の促進にも役立つものであり、そういう行為や性向だけが有徳だ、というのが彼らの考えなのかどうか(実際、そう考えているのだが)も、ひとまず措くとしよう。ところが、功利主義の道徳論者は、実際にそう考えていることを認め、徳とはどんなものであるのかということについても、今、示したような考察から結論を出している。その上で、功利主義の道徳論者は、徳を、究極目的(幸福)につながる手段として望ましいものの筆頭に置いているのである。そればかりでなく、個人にとって、徳以外の目的に目を向けなくても、徳はそれ自体で望ましいものになりうることも、心理的事実として認めている。功利主義の道徳論者の考えによれば、このような形で徳を愛することがなければ、心のあり方として正しくなく、効用(の道徳原理)に適合していないのである。つまり、社会全体の幸福に役立つような心のあり方になっていない。徳には他の望ましい結果をもたらす傾向があり、そういう結果があればこそ徳だと言える。しかし、たとえ個々の事例においてそういう結果に至らなかったとしても、それ自体が望ましいものとして徳を愛する、ということである。

この見方は、幸福原理から少しも逸脱していない。幸福の構成要素にはさまざまなものがあり、それぞれがそれ自体として望ましいものなのであって、足し合わせた全体が増えている場合だけが望ましいというわけではない。たとえば音楽でもよいが、どんな快楽にしても、また、健康の例などのように、苦痛を免れているどんな状態にしても、それらは幸福と銘打った一かたまりの何かに至る手段としてみなすべきなのだ、そういう手段だから願望の対象とすべきなのだ、ということではないのである。そういうことを、効用の原理は言おうとしているのではない。音楽や健康が望ましいのは、それ自体としてであり、また、それ自体のためにである。それらは手段であるとともに、目的の一部でもある。徳の場合は、功利主義の理論によれば、自然に最初から目的の一部になっているわけではないが、目的の一部になることは可能である。徳を私心なく愛する人々の場合には、徳はそのようになっていて、幸福のための手段としてではなく、自分たちの幸福の一部として望まれ、大切にされているのである。

この点をさらに説明するために、徳だけではなく、他のものにも起きることを想起しておくとよい。元々は手段であって、もし何かのための手段でないということなら、重要性を感じられず、いつになっても取るに足らないままのものがあったとしよう。しかし、こうしたものでも、それを手段とするような何か〔の目的〕と連想の形で結びつくと、やがてはそれ自体として望まれ、しかも、非常に強く望まれるということが起きる。

たとえば、金銭欲がそういうものだと言えるだろう。金銭への元々の欲望は、きらきらと光る小さなかけらの山が欲しくなるという程度のものでしかない。金銭の価値は、金銭で買えるものの価値でしかない。欲望と言っても、金銭そのものとは別のものに対する欲望であって、金銭はそれを満たす手段である。ところが、金銭欲は、人間生活における最強の原動力の一つであるばかりでなく、多くの場合、金銭はそれ自体として、それ自体のために、欲望の対象になっている。金銭を所有することへの欲望は、金銭を使うことへの欲望よりも強い場合が多い。また、金銭を〔手段として〕使う際の目的だったものへの欲望すべてが金銭によって達成され消滅しても、金銭を所有することへの欲望は、さらに亢進していく。こうなると、金銭は目的のために〔手段として〕望まれているのではなく、目的の一部として望まれていると言っても間違いないだろう。金銭それ自体が、幸福のための手段から、幸福に関する個人の考え方を構成している主要な要素へと変わったのである。

　同じことは、人間生活における重要な目的の多くについても言えるだろう。たとえば、権力とか名声である。ただし、権力と名声の場合には当てはまらない点もある。つまり、権力と名声にはある程度の量の直接的快楽が付随している。そのために、そうした直接的快楽が、少なくとも見かけの上では、権力と名声という目的に元々から内在しているかのように見えるのである。これは、金銭については言えない点である。とはいえ、権力と名声のどちらにも元々からそなわっている最強の魅力は、われわれの他の願望の達成に非常に大きな助けとなるところにある。そのために、権力や名声とわれわれの願望すべてとのあいだには、強力な連想が生じてくる。この連想こそが、権力と名声に対する直接的な欲望を、しばしば見られるような強烈なものにするのである。その強烈さは、個人の性格によっては、他のすべての欲求を上回るほどになることもある。これらの事例では、手段が目的の一部になっている。しかも、これを手段としていた目的のどれと比べても、この手段の方が、目的の中で重要な部分になっている。以前は、幸福を達成するための手段として望まれていたものが、それ自体のために望まれるようになった、ということである。

とはいえ、それ自体のために望まれている場合でも、幸福の一部として望まれているのである。このような手段を持っているだけで、人は幸福になる。あるいは、幸福になるだろうと思っている。その手段を手に入れることができなければ不幸になる。このような手段を望むことは、幸福を望むことに他ならないのである。音楽を愛好したり健康を望んだりするのが、幸福を望むことであるのと同じである。これらの手段は幸福の中に含まれている。これらの手段は、幸福への欲求を構成する要素の一部になっている。幸福は抽象的な観念ではなく、具体性のある一つのまとまりである。ここで取り上げているものも、それぞれが、このまとまりを作っている部分になっているのである。功利主義の基準は、これらのものが幸福の一部分となっていることを許容し是認する。こういうこと〔手段が幸福の一部になること〕が自然に起きなかったら、人生は貧相なものになるだろう。これがあるおかげで、原初的な〔身体レベルの素朴な〕欲望の充足と元々は無関係でありながら、その充足には役立っているものや、何か別の形でその充足と連想として結びついているものが、それ自体として快楽の供給源になる。しかも、このような快楽は、原初的快楽に比べて長続きし、人間生活の中で大きな広がりを持つことができ、また、強力なものでもあるという点で、いっそう大きな価値を持つのである。

徳は、功利主義の考え方からすれば、この類いの善である。徳は快楽に役立つし、また、苦痛を防ぐのに特に役立つが、これを別とすれば、徳に対する元々からの欲求や動機は存在していない。しかし、先に述べたようにして連想が作られると、徳は、善そのものと感じられ、他のどんな善とも変わることなく強く望まれるようになる。それでも、徳とその他の場合とで違いはある。徳に対する私心のない愛を育てる人は、社会の他の成員から大いに歓迎される。ところが、金銭、権力、名声といった、徳以外のものを愛好する人は、その人が属している社会の他の成員に対して有害となるおそれがあり、実際に有害となることも多い。したがって、徳以外のこれらの欲求を功利主義の基準が許容するのは、社会全般の幸福を増進させる以上に有害となる一線を越えない限りにおいてである。その一方で、徳への愛を育てることについては、社会全般の幸福にとって何よりも重要であるので、可能な限り最も強力に行なうことを指示し要求するのである。(3)

これまでの考察から出てくる結論は、望まれるものは幸福の他にはない、ということである。そういう形ではなくて、何らかの目的の手段として、究極的には幸福という目的のための手段として望まれているものは、どれも、幸福の一部として望まれているとしても、それ自体のために望まれてはいない。それ自体として望まれるようになるのは、もっと後のことである。徳をそれ自体として望む人々がなぜ徳を望むかと言えば、徳を心がけることが楽しいからであるか、そうしないと苦痛だと思うからか、あるいは、これら二つのことが一緒になっているからである。実際には、快楽と苦痛が別々にあるということはめったになく、ほとんどつねに両方が一緒になっている。だから、同じ一人の人が、徳が達成されている程度に応じて楽しいと感じるとともに、いっそうの徳の達成にまで至っていないことに苦痛を感じている、と言った方がよいだろう。もし、ある程度の徳が達成されているのに楽しく感じられず、また、徳の達成がまだ不十分なのに苦痛を感じない人がいたら、その人は、徳を愛したり望んだりしないだろう。あるいは、徳を望むとしても、有徳であれば自分自身や自分が気にかけている誰かに、別の利益がもたらされるかもしれないといった思惑からにすぎないだろう。

さて、これで、効用の原理にはどのような証明が可能か、という問題への答えが得られたことになる。私がこれまで述べてきた見解が心理学的に正しければ、つまり、人間本性が幸福の一部あるいは幸福の手段となるものだけを欲求するようにできているのであれば、このこと以外に、幸福の一部あるいは幸福の手段だけが望ましいということの証明はありえないし必要でもない。そうだとすると、幸福は、人間の行為にとって唯一の目的であり、幸福を増進しているかどうかが、人間のあらゆる行為の評価基準になる。このことから必然的に、この行為の評価基準は道徳の基準でなければならない、ということになる。なぜなら、部分は全体に含まれるからである。(4)

そこで、これが本当にその通りかどうか、決着をつけることにしよう。人間がそれ自体として望むものは、自分にとって快いものや欠けていると苦痛になるものだけなのだろうか。われわれは明らかに、類似したあらゆる問題と同じように、証拠に左右される問題、つまり、事実と経験に関する問題に行き着いている。この問題に決着をつけることができるのは、他の人間たちを観察するという助けも借りながら、自己について熟達した分析と観察を行なう場合だけである。こうした証拠を提供している物事を偏りのない姿勢で調べてみれば、次の点がはっきりと示されていると私は考える。つまり、あるものを欲求の対象としそれを快楽と感じることと、あるものを嫌悪の対象としそれを苦痛と感じることとは、まったく不可分の現象である。いやむしろ、同一の現象の二つの部分なのであり、厳密な言い方をすれば、同一の心理的事実についての二つの異なった呼び方である。さらに、ある対象を〔それがもたらす結果のためではなく〔そのもの自体として〕〕望ましいと考えることと、その対象を快いものと考えることは、まったく同じことである。また、どんなものであるにせよ、何かを欲求の対象とすることは、それが快いものだという考えと照応していなければ、実際においても抽象的な理論の上でも不可能である。

以上のことは、私には十分明白と思えるので、反論されることはないと思う。反論が出るとしても、欲求が最終的に向かうのは快楽とか苦痛の回避とかに限らず他にもありうる、という反論ではなくて、意志は欲求とは別のものだ、という反論だろう。この反論によれば、しっかりした徳をそなえている人や、目的がきちんと定まっている人は、自分のめざす目的を考えるときに浮かんできたり、目的達成で得られると期待される快楽があったりしても、それらの快楽を一切考えたりせずに、自分の目的を追求するものである。また、こういう人の場合、それらの快楽が、自分の性格が変わったり感受性が衰えたりすることで大幅に減少したり、目的追求の際にもたらされる苦痛に圧倒されてしまったりしても、それでもなお、目的に沿った行動は続いていくものである。以上の反論は、私としてもすべて認める。この点は、すでに他のところで、誰にも劣らないほど肯定的に強く述べている。(5)

意志は能動的な現象であり、受動的な感覚の状態である欲望とは異なったものである。意志は、最初は欲望から生まれてくるが、やがて根を生やして、この親株から分離することがある。そのため、目的が習慣的なものになっている場合、あることを望むからそれを意志するのではなく、あることを意志しているからという理由だけでそれを望む、ということもしばしばある。しかし、これは、習慣の持つ力というありふれた事実の一例でしかなく、有徳な行動の場合に限られてはいない。取るに足らない多くの行為の場合でも、最初は何らかの動機から行なわれていても、習慣のために続いていくということはある。

ときには無意識に行為し、あとになってようやく意識することもある。また、別の場合には、意志があることは意識されているが、すでに習慣化している意志になっていて、行為の段階では習慣の力が働き、考え抜かれた選択とはおそらく正反対の方向に行為を導いてしまうこともある。これは、有害であったり他人を傷つけたりするような習慣に凝り固まった人々にありがちなことである。

最後に三番目の場合である。この場合、習慣的な意志から行なわれる個々の行為が、他の時点で優越している一般的な意図と食い違うことなく、そうした意図に則して行なわれている。これは、しっかりした徳をそなえている人や、慎重かつ着実にきちんと定まった目的を追求しているすべての人に見られることである。(6)

意志と欲望の区別に関するこのような理解は、心理的事実としてまったく正しく、非常に重要である。とはいえ、この事実は、たんに次のようなことでしかない。つまり、意志は、われわれを作っている他のあらゆる部分と同じように、習慣に馴染ませることができるのであり、もはやそれ自体のために望まなくなったことでも習慣から望んだり、あることを自分が意志しているという理由だけでそれを望んだりすることもある、ということである。その一方で、意志が最初に生じるのはもっぱら欲望によってであることも、同じように間違いない。この欲望という言葉には、快楽を引きよせようとする作用ばかりでなく、苦痛を遠ざけようとする作用も含まれている。

正しいことをしようというしっかりした意志を持つ人物についてはここまでとして、次に、有徳な意志がまだ脆弱で誘惑に負けやすく、十分には信頼できない人物について考えてみよう。このような脆弱な意志は、どうしたら強くなれるのだろうか。有徳であろうとする意志が十分な力を持って存在していない場合、どうしたら、それを植えつけたり目覚めさせたりできるのだろうか。唯一の方法は、徳を快いものと思わせたり、徳がないことを苦痛と思わせたりして、本人が徳を望むようにさせることである。正しい行ないを快楽に連想として結びつけ、悪行は苦痛に結びつけることであり、あるいは、正しい行ないと悪行の中にそれぞれ自然に含まれている快さと苦痛を引き出し印象づけ実感させることである。そうすれば、有徳であろうとする意志を呼び起こすことができる。また、この意志がしっかりしたものになれば、快楽や苦痛のことを何も考えなくても働いてくれるようになる。

　意志は欲望の子どもであるが、親の支配を離れても、習慣の支配の下に入るだけのことである。習慣の結果であるものを、本来的に善であるとみなすことはできない。習慣の支えを得るまでは、快楽や苦痛との連想の影響が、行為を揺らぐことなくしっかりしたものにさせる役割を果たしているが、これがあまり頼りにならないということであれば、徳の目的が快楽や苦痛から独立したものになって欲しいという願いには、何の根拠もないことになってしまうだろう。感情と行為のいずれにおいても、習慣が、確実性をもたらす唯一のものなのである。正しいことを行なう意志を、このように習慣として〔快楽や苦痛から〕独立するところまで育成すべきなのは、当人の感情と行為が無条件的に信頼できることが他の人々にとって重要だからであり、また、当人にとっても自分の感情と行為を信頼できることが重要だからである。言いかえれば、意志のこの状態が善の手段になっているのであり、意志が本来的に善だということではないのである。しかも、このことは、それ自体として快楽であるものや快楽を達成し苦痛を回避する手段以外には人間にとって善であるものはない、という理論とも矛盾しない。この理論が正しければ、効用の原理は証明されたことになる。そうであるか否か――あとは、思慮深い読者の考察に委ねなければならない。

第五章　正義と効用の関係について

いつの時代でも、思想的な営みが行なわれていたときには、効用や幸福が正と不正の判断基準であるという理論の前に立ちはだかり、その受容を妨げる障害があった。そうした障害の中で最強だったのは、正義の観念に由来するものである。正義という言葉は、強力な感情や表面的には明晰だと思えるような認識を呼び起こす。こうした感情と認識が、瞬時に、これで間違いないという感覚をともないながら生じてくるところは、本能に似ている。このことは、多くの思想家たちにとっては、事物に本来的にそなわった性質を示しているように思えた。つまり、何らかの絶対的なものとして、正義は自然の中に存在しているにちがいないと思えたのである。正義は、どんな形の便宜とも、起源がまったく別である。便宜は、（広く認められているように）長い目で見ると事実面では正義とけっして切り離せないとしても、観念の上では対立していると思われたのだった。

他の道徳感情と同じように、正義の場合も、起源の問題と拘束力の問題とのあいだには、必然的なつながりは何もない。ある感情が生まれながらの感情だからといって、その感情によって引き起こされる物事のすべてが必然的に正当化されるわけではない。正義の感情は独特な本能であるのかもしれないが、それでもやはり、他の本能と同様に、もっと高いところにある理性によって統御され教導される必要があるだろう。特定の仕方で判断するように導く知的本能が、特定の仕方で行為するよう促す動物的本能とともに、われわれにそなわっているとしても、それぞれの領分において、知的本能の方が動物的本能よりも、誤りを犯すことが必然的に少なくなるわけではない。動物的本能は、時折、間違った行為を指示する。知的本能の場合でも、間違った判断が出てきて不思議ではない。

正義の自然的な感情がわれわれにそなわっていると考えることと、そういう感情を行為の究極的な判断基準として認めることとは別問題なのである。ただし、そうは言っても、これら二つの見解は、事実面ではきわめて密接に関連している。人間はいつでも、どんな主観的感情であれ、他に説明のしようがなければ、何か客観的な実在から授けられたものだと信じてしまいがちなのである。われわれがここでめざすのは、この実在がそのように特別な形で現れる必要のあるものなのかどうかを確定することである。つまり、行為における正義や不正は本質的に独特な性質を持っていて、他のどんな性質とも区別されるものなのか、それとも、他の性質がいくつか結びついて、それが独特な姿で現われているだけなのかを確定する、ということである。

これを探究するという目的にとって実際に重要となるのは、正義や不正に関する感情そのものが、色彩の感覚や味覚と同じように、他とは区別される独立した種類の感情なのか、それとも、他の感覚の結合によってできている派生的な感情なのかを考察することである。正義の命じるところは客観的に見れば社会全般の便宜という領域の一部と一致していると、大方の人々は十分積極的に認めているから、この探求はなおさら重要である。とはいえ、心の中にある正義の主観的感情は、便宜にふつう付随してくる感情とはやはり異なっている。極端な場合を除けば(1)、便宜に比べて、正義の命令ははるかに厳重である。そのため、人々の考えでは、正義を社会全般の効用における一つの特別な種類とか部門だとみなすのは困難であり、正義の持ついっそう強力な拘束力の起源は、まったく別のものでなければならない、ということになるのである。

この問題を解明するためには、正義や不正の際立った特徴が何かを確かめてみる必要がある。必要なのはつまり、（他の多くの道徳的性質と同じように、正義は正義と正反対のもので最も明確になるので）不正とされる行為の様態すべてに共通している特質は何か、あるいは、そういう特質があるのかどうかを確かめてみて、それらの特質を、非難を表わす特定の名称がついていない行為（不正とまではみなされていない行為）の様態と区別することである。正しいとか不正だと特徴づけることに人々が馴染んでいるすべてのものの中に、共通する何か一つの属性、あるいは一群の属性がいつでも存在しているとしよう。その場合には、そうした特定の属性あるいは属性群が、人間の情緒の仕組に関する一般法則（連想心理学の法則）に従って、一定の性質や強度を持った感情と連結できるものなのか、あるいは、そうした感情が（連想心理学では）説明不可能で自然から特別に授かったものとみなすべきものなのかを、判断できるだろう。連結できるとわかれば、この問題の解決によって、中心的な問題（正義の感情に独自の起源があるのかどうかという問題）も解決したことになる。また、説明不可能なのであれば、何か別の探求方法を探さなければならないだろう。

多様な対象に共通している属性を見つけるためには、手始めに、対象そのものを、その具体的な姿という観点から調べる必要がある。そこで、行為のさまざまな態様や人間生活におけるさまざまな仕組の中で、正義や不正義に分類するのが普遍的な見方あるいは広く共有されている見方となっているものを、順次見ていくことにしよう。正義や不正義という言葉と連想の形で結びついている感情を引き起こす、という点でよく知られているものの性質は、かなり雑多である。それらをざっと概観し、個々の結びつき方にまで立ち入った検討は省くことにしよう。

まず、第一のケースである。個人の自由や所有物、その他、法律で個人に帰属するとされているものを奪うことは、不正だと考えるのがふつうである。したがって、これは、正や不正という言葉が完全に明確な意味で使われている一例である。つまり、他人の法的権利を尊重することは正しく、侵害することは不正だ、ということである。ただし、この判断に関しては、いくつかの例外がある。正義の概念や不正の概念が、別の形をとっているときに出てくる例外である。たとえば、ある人から権利が奪われているといっても、その権利はすでに(慣用的な表現で言うと)取り消し済みの権利だった、という場合である。この事例は、もう少し後であらためて取り上げることにする。

第二のケースとしては、奪われている法的権利が、そもそも当人に帰属させるべきでなかった権利だった、ということもある。言いかえると、当人にそうした権利を与えた法律が悪法だったということである。悪法の場合、あるいは、悪法だと思われている場合(今の議論の目的では同じことなのだが)、その悪法を破ることは正しいのか、不正なのかについては、意見が分かれるだろう。たとえどれほどの悪法であっても、法律である以上、個々の市民は従うべきである。その法律に反対するにしても、権限のある機関に法改正をお願いする、という反対の仕方にとどめるべきだ――このように主張する人もいる。この意見は、有害な制度を支持する人々によって、便宜を根拠にして擁護されている。(この意見は人類の最高の恩人である人々の多くを悪者扱いするものであり、こういう意見のために、状況次第では有害な制度に対して有効となる可能性もある唯一の手段〔批判的言論〕をしのいで、そうした制度が守られてしまうことも多い。)主な論拠は、遵法の感情を不可侵のものとしておくことが、人類の共通の利益にとって重要だという見方である。

これとは正反対の意見を持つ人もいる。不出来だと考えられる法律の場合は、不正とまでは言えず便宜にかなっていないとしか言えない法律であっても、それに従わないことを非難はできない、という意見である。こういう人の他に、法律に従わなくてよい場合を、不正な法律に限定する人もいる。さらにまた、別の議論もある。それによれば、便宜にかなわない法律はすべて不正なものである。なぜなら、あらゆる法律は人間の生来の自由に何らかの制限を押しつけるものであり、この制限は、人々の善につながるということで正当化されない限り、不正なものだから、というのである。

　このように多様な意見がありながらも、一致して認められている点もあるように思われる。つまり、不正な法律はありうるものであって、したがってまた、法律は正義の究極の判断基準ではなく、利益を誰か一人に与えたり害悪を別の誰か一人に押しつけたりしているために正義の見地から非難されることもある、という点である。しかし、法律が不正だと考えられる場合でも、不正の意味はつねに、法律を破ることが不正であるというのと同じ意味での不正である。つまり、法律が不正だということは、誰かの権利を侵害しているということである。ただし、こういう場合だと、権利は法的権利ではありえないから、別の名前が与えられ、道徳的権利と呼ばれることになる。以上のことから、不正の第二のケースは、ある人に道徳的権利があるものを、奪ったり与えなかったりすることだと言ってよい。

第三のケースとしては、誰もが一致している見方がある。つまり、各人が（善いものにせよ、悪いものにせよ）自分に相応なものを手に入れることは正しく、自分に不相応な善いものを持ったり悪いものを押しつけられたりすることは不正だ、という見方である。これはおそらく、世間の人々が正義について考えるときには、最も明確で最も根強い考え方となっているものである。相応という概念が含まれているので、何をもって相応と言えるのかという問題が生じる。一般的な言い方では、ある人が正しいことをすればその人は善に相応し、不正なことをすれば悪に相応するということになる。もう少し詳しく言えば、善行を施している相手あるいは施したことのある相手からは、善い扱いを受けるのが相応であり、害悪を加えている相手あるいは加えたことのある相手からは、悪い扱いを受けるのが相応だ、ということである。善をもって悪に報いるべし、という格言（新約聖書・ローマの信徒への手紙、一二・一七、テサロニケの信徒への手紙一、五・一五）が正義の実現例だとみなされたことは、いまだかつてない。それはむしろ、別の考え方（キリストの愛の考え方）に従って、正義の主張を退けた例とみなされてきたものである。

第四のケースとして、他人との信頼関係を壊すことは明らかに不正だ、ということがある。つまり、明示的に、あるいは暗黙のうちに交わした約束を破ることや、自分の行動が相手の心の中に生じさせた期待を挫くこと、少なくとも故意に自分から進んで生じさせていた期待を挫くことである。すでに論じた他の正義の義務と同じように、この義務も絶対的な義務ではなく、他のものが優先される場合がありえると考えられている。つまり、逆のことを行なう〔あえて約束を破り期待に背く〕いっそう強い義務がある場合や、相手側の行為が、その相手に対するこちらの義務を解除するようなものだったり、相手が期待していた利益を取り消してもよいような行為だったりする場合である。

第五のケースとしては、誰もが一致して認めていることだが、偏っていることは正義と両立しない、ということがある。つまり、ひいきや好意を交えることが適切でない場合に、他の人を差し置いて、ある人に対してそのような態度を示す場合である。ただし、偏りがない〔公平〕ということは、それ自体が義務というのではなく、むしろ、何か別の義務のための手段とみなされているように思われる。なぜなら、ひいきや好意は必ずしもつねに非難すべきものではなくて、実際のところ、非難されることがあっても、それは通例というよりも例外だと認められてからである。他の義務をおろそかにしなくてもできることなのに、見知らぬ他人よりも自分の家族や友人を大切に扱わない人であれば、おそらく賞賛されるよりも非難されるだろう。友人や親族や伴侶となっている人を、それ以外の人以上に大切に扱おうとしたからといって、誰もそのことを不正だとは思わないものである。

権利にかかわる場合に公平であることは、もちろん義務である。しかし、これは、各人に各人の権利を与えるという、もっと一般的な義務に含まれている。たとえば、法廷は公平でなければならない。なぜなら、法廷は、他の事情は一切顧慮せずに、争いの対象となっているものに権利を持っているのは当事者双方のうちどちらであるかを、裁定しなければならないからである。別の事例として、公平が、相応であるという点だけにしか左右されない、という意味を持つこともある。裁判官、教師、両親といった立場から、相応の賞罰を与える人の場合である。さらに、公共の利益にしか左右されない、という意味を持つ事例もある。政府職員を志願者たちの中から選抜するような場合である。要するに、正義の義務となる場合の公平は、問題となっている特定の事例については左右されるのが当たり前の事情だけに左右され、そうした事情が指示する以外の行為につながるどんな動機の働きかけにも屈しない、ということを意味すると言ってよい。

中立の観念に近いところで関連しているのが、平等の観念である。これは多くの場合、正義の概念の構成要素であるとともに、正義の実践における構成要素にもなっていて、多くの人々の目には、正義の本質をなすものと映っている。しかし、この場合の正義の概念は、他の場合以上に言えることだが、人それぞれに違っていて、その違いはつねに、それぞれの人が効用をどう考えているのかに即したものになっている。それぞれの人が、平等は正義の命じるところだと主張しながらも、便宜のために不平等が必要になると自分が考えている場合は例外としている。

すべての人の権利を平等に保護する正義は、権利そのもののあいだに存在している途方もなくひどい不平等を支持している人によっても主張されている。奴隷のいる国々においてすら、奴隷の持つ権利は、さしたるものではないとしても、理論の上では主人の権利と同様に神聖であるべきであって、同等の厳格さでそれらの権利を保護できない法廷は正義にもとると認められている。しかし同時に、保護すべき権利を奴隷にほとんど与えていない諸制度は、便宜に反するとは考えられていないために、不正だとは考えられていない。

効用は身分の違いを必要としていると考える人々は、富や社会的特権の不平等を不正だとは考えない。しかし、こういう平等は便宜に反すると考える人々は、そうした不平等は不正だと考えている。統治が必要だと考える人は誰でも、他の人々には与えられていない権力を統治担当者に与える仕組で生じる程度の不平等は、不正だと見ていない。

平等化を主張する人々のあいだでさえ、正義をめぐる問題点は、便宜についての意見の多さと同じだけの多さになっている。共産主義者の中には、社会内の労働生産物が厳密な平等原則以外の原則で分配されることを不正だと考える論者がいるが、最も必要としている人々が最も多く受け取ることが正義だと考える論者もいる。さらに、別の論者の考えでは、より多く働いた人、より多くを生産した人、社会にとってより価値のある役務を提供した人は、生産物の分配に際してより多くの量を要求してよいのであり、それは正義にかなっていることである。これらの意見のどれを訴えたとしても、自然的な正義の感覚には、もっともらしく響くだろう。

正義という言葉には、以上のように多様な用法がありながらも、曖昧な言葉だとはみなされていない。とはいえ、知的なリンクとしてこれらの用法のすべてを結びつけていて、しかも、この言葉に付随する道徳感情を本質的に左右しているものを把握するのは、なかなか難しいことである。おそらく、この困った状態を抜け出すのに多少の助けとなりそうなのは、語源に示されている正義という言葉の歴史である。

正義〔Just〕に相当する言葉の語源は、すべてではないにせよ大半の言語では、その始まりが実定法にあるか、あるいは、権威ある慣習という、ほとんどの場合、法律の原初的形態だったものにあることを示している。*Justum*〔ユーストゥム、ラテン語〕は、命令されたもの *jussum*〔ユーススム〕という言葉が語形変化したものである。*Jus*〔ユース、ラテン語〕も起源は同じである。[2] *Δίκαιον*〔ディカイオン、ギリシャ語〕は *δίκη*〔ディケー〕に由来している。その主な意味は、少なくとも古代ギリシャでは、訴訟ということだった。これ〔法律という言葉〕は、たしかに、最初は作法とか態度（マナー）を意味していただけだったが、すぐに命じられた態度を意味するようになった。家父長や裁判官あるいは政治的支配者のいずれの権威であれ、公的な権威が強制力による裏付けを与えたものが *Recht*〔レヒト、ドイツ語〕である。これは法律と同じ意味であり、そこから〔英語の〕*right* と *righteous* が出てきた。*recht* の元々の意味は、たしかに、法律ということではなく、まっすぐな体勢ということだった。*wrong*〔英語〕や、それに相当するラテン語の言葉が、ねじれているとか曲がっている〔不正を意味することにもなる *tortuous*〕を意味していたのと同様である。そのため、*right* という言葉は、最初は法律〔*law*〕を意味していたのではなく、逆に、法律という言葉が、〔まっすぐという意味での〕*right* を意味していた、という説すらある。しかし、そう言えるかどうかはともかくも、*recht* と *droit*〔ドロワ、フランス語〕が、実定法という意味に限定されるようになっていったことは事実である。法律が要求していなくても、道徳的な廉直や誠実にとっては同じように欠かせないものは多くある。とはいえ、道徳観念の元々の性質という点から見て、*recht* や *droit* の意味が実定法に限定されていった事実は意味深長である。仮に派生の仕方が逆だった〔実定法の観念が道徳観念から派生していた〕としても意味深長だろうが、今の事実の場合もその度合は同じである[3]。正義の場〔the court of justice〕とか正義を行なう〔the administration of justice〕といった言葉も、法廷や法の執行を意味するようになっている。フランス語の *La justice* は、司法部を意味する言葉として定着している[4]。

正義という概念ができていく中で母体となった観念、つまり本源的要素は、法に従うということだった点に、疑問の余地はないと私は考える。法に従うということは、キリスト教が誕生するまでは、ヘブライ人の間で正義の概念そのものに他ならなかった。教えを必要とする問題をすべて取り込もうとする法を持ち、そうした法は神から直接に発したものだと信じている国民であれば、これは意外なことではないだろう。しかし、他の諸国民、とりわけギリシャ人やローマ人は、自分たちの法律が、もともと人間によって作られてきたものであり、依然としてそうであり続けていることを知っていた。法を作る人間は悪法を作ることもあるし、もし、同じ動機で同じことを個人が法の許可なしに行なったら不正と呼ばれるであろう物事を、法律によってしかねないことも、彼らはためらわずに認めていた。そのため、あらゆる法律違反に不正の感情が結びつくということにはならず、結びついたのは、あるべき法や、あるべきなのに実際には存在していない法の場合に限られていた。さらに、この不正の感情は、法としてのあるべき姿に反すると考えられる場合には、法そのものにも結びついた。このように、法や法の命令という観念は、実際に施行されている法律を正義の基準として受け容れなくなってからでも、正義に関する考え方の中で依然として支配的だったのである。

法律による規制が行なわれていない、あるいは、そうした規制が望ましくない物事は数多くあるが、正義や正義の義務という観念はそうした物事にも適用できる、と人々が考えているのはたしかである。私生活のすみずみにまでおよぶ法律の干渉を望む人はいない。とはいえ、個人の日常的な行為はどれも、正しかったり不正だったりすることがありうるし、そうした事実があることは、誰もが認めている。しかし、この場合ですら、法であるべきものに背く、という考え方が姿を変えて残存している。不正だと思える行為が処罰されれば、われわれはいつでも、せいせいした気分になるし、当然だという想いにもなる。その一方で、われわれは、この処罰が法廷によって科されることが好都合だとは必ずしも考えない。不都合がともなうのであれば、こうした気分を味わうことはあきらめるのである。どんなにささいなことであっても、正しい行為が強制され不正な行為が抑止されるのを、われわれは歓迎する。歓迎しない場合があるとすれば、それには理由があって、個人に対する無制限の過大な権力を統治者に与えるのをおそれるためである。正しくあろうとすれば人はあることを行なわざるをえない、とわれわれが考えるときには、ふつうの言い方では、人はそれを行なうよう強制されるべきだ、ということになる。権力を持つ誰かによって義務が強制されるのを見て、すっきりした気持ちになりたいとわれわれは思うだろう。法律による義務の強制が不都合だとわかっても、われわれは強制できないことを残念に思い、不正が罰せられないのはよくないことだと考える。そこで、不正を行なった人物に対して、われわれ自身の非難や社会的な非難を強烈な形で表わし、それによって法律を変えようとする。正義の概念は、進歩した社会状態に見られるような完成した形態となるまでに、いろいろな変化を被ってきてはいるものの、以上に示したように、正義の概念の母体になっているのは、依然として法的な束縛という考え方なのである。

以上述べたことで、正義の観念の起源とその発展に関して、可能な限りで実態に即した説明ができたと思う。しかし、この説明にはまだ、正義の義務と道徳的な義務一般とを区別するものが含まれていない。このことは言っておかねばならない。なぜなら、刑罰というサンクションは法の本質であるが、実のところ、このサンクションの観念が、不正の概念だけではなく、あらゆる類いの悪行の概念にも入り込んでいるからである。われわれは、悪いことをすれば何らかの仕方で罰せられるべきだ、という含みを持たせないで、悪事という言い方はしない。法律による処罰がなくても、世論による処罰があるべきだし、世論による処罰がなくても、当人の良心の呵責によって処罰されるべきだ、ということである。

このこと〔処罰があるべきという考え〕が、道徳とたんなる便宜との本当の分岐点であるように思われる。義務を果たさせるためなら人を強制するのは正当だということが、義務という形式をとっているもののすべてにおいて、義務の概念の一部となっている。義務は、借金の返済を強要する場合のように、誰かに強要してよいものである。当事者に強要してもよいと思うことでなければ、われわれはそれを、その当事者の義務と呼んだりしない。思慮の点での理由とか当事者以外の人々の利益が影響して、実際には強要が行なわれないこともあるだろう。しかし、いずれにしても、当事者本人に不平を言う資格がないのは、はっきりとわかることである。逆の場合もある。われわれが人々にしてもらいたいと望み、好みや賞賛の対象になっていて、人々がそれをしなければ、おそらく嫌悪したり軽蔑したりすることになる物事があったとしよう。しかし、そうした物事の場合は、人々がどうしてもしなくてはならないものでないことは、われわれも認めている。これは道徳的義務の事例に当たらないし、われわれの非難の対象にならない。つまり、処罰の適切な対象だと、われわれは考えたりしない。

処罰に相当するとか相当しないといった考え方に行き着くのはどのようにしてなの

本の豆知識

●ケイ(罫)のいろいろ●

表 ケイ

裏 ケイ

表リーダー ケイ

裏リーダー ケイ

波 ケイ

かすみ ケイ

双柱 ケイ

子持ち ケイ

両子持ち ケイ

無双 ケイ

三筋 ケイ

かは、おそらく、これから議論を進めていく中で明らかになるだろう。しかし、この区別が、正しいとか不正であるといった考え方の根底にあることには、疑問の余地はないと思う。われわれは、その行為に関して行為者を処罰すべきと考える場合には、その行為を不正と呼び、処罰はすべきでないと考える場合には、嫌悪や非難を示す別の言葉を使っている。また、われわれが見たいと思っているのが、ある仕方で行為するよう当事者が強制されることであれば、正しいと言い、そうするように説得されたり懇願されたりすることにすぎないのであれば、望ましいことだとか賞賛すべきことだと言うのにとどめている。*

＊〔原注〕これはベイン教授が強調しながら説明を加えている点である。彼には、精神に関する精緻で深く掘り下げられた二篇の著作があるが、そのうちの二番目の中の卓抜した章〔章のタイトルは「倫理的感情あるいは道徳感覚」〕を参照[5]。

これ〔処罰による強制という考え方〕は、したがって、正義ではなく道徳全般と、それ以外の「便宜」の領域や「相応」の領域とを区切る特徴的な違いである。そのため、正義をそれ以外の道徳の部門と区別する特徴は、引き続き探さなければならないことになる。そこで話を進めると、よく知られているように、倫理学者たちは道徳的義務を、表現の選択に難があるのだが、完全義務と不完全義務の二つに分類している。(6) 不完全義務とは、行為は義務づけられているが、それを具体的にどんな機会に果たすかは行為者に委ねられている義務である。つまり、慈善活動や寄付の場合のように、行なうべきであるのはたしかだが、誰にいつ、とは決まっていない義務である。法律の理論家たちのさらに厳密な言い方だと、完全義務は、対応する権利を一人ないし複数の人たちが持つことによって義務となっている。不完全義務とは、どんな権利も生じさせることのない義務である。気づいていただけると思うが、この区別は、正義とそれ以外の道徳的義務とのあいだの区別と正確に一致している。

われわれは正義という言葉について、世間に通用しているさまざまな意味を概観したが、一般的にこの言葉は、個人の権利という考え方を含んでいるように見受けられた。つまり、法律が所有権やその他の法的権利を与えている場合と同じように、一人ないし複数の個人が権利を主張できる、という考え方である。不正となる場合としては、人から所有物を奪う、人の信頼を裏切る、当人に相応しない冷遇をする、あるいは、他の人々と同じ扱いを求める権利があるのに冷遇するといったことがあるが、いずれの場合も、二つの点が想定の中に含まれている。つまり、不当なことがされているという点、それに、誰が不当なことをされた人なのか、はっきりしているという点である。ある人を他の人々以上に厚遇すると、それが不正になることもある。この場合、不当な扱いを受けているのは、厚遇されている人の競争相手たちの方だが、それが誰なのかは、はっきりしている。

こういう場合の特徴、つまり、道徳的な義務と相応する権利を誰かが持つという特徴は、正義が、自発的な献身や慈善と特に異なる点であるように思われる。正義が意味しているのは、行なうことが正しく行なわないことが不当であるのと同時に、ある特定の個人が自分の道徳的権利としてわれわれに要求することもできるような何かである。われわれが気前のよい振る舞いをしたり慈善を行なったりすることに対しては、誰も道徳的権利を持っていない。なぜなら、われわれは、誰か特定の人に向けてこうした有徳なことをするよう道徳的に拘束されていないからである。

さらに、正しい定義であればどんな場合にも言えることだが、正義の定義に関しても、定義と相容れないように思える事例があれば、それこそが定義の正しさを最も強力に確証してくれるだろう。なぜなら、一部の道徳論者がすでに主張していることであるが、もし、われわれが与えることのできる善のすべてに対して権利を持っているのは、誰か特定の個人ではなく人々全般だ、という主張をしようとすれば、この主張のために、同時に気前のよい振る舞いやを慈善の行ないも、正義に分類されてしまうからである。われわれは、人々全般に返すべきものとして、最大限の努力をすべきだということになり、それは借金の返済のようなものだ、と言わざるをえなくなる。あるいはまた、われわれが最大限の努力をしなければ、社会がわれわれのためにしてくれたことへの十分な返礼にはならないのであり、そうした努力は恩義に報いることの一種だ、と言わざるをえなくなる。どちらの場合も、一般的に正義と認められているものに該当するケースになってしまうわけである。権利が存在しているのであれば、どんな場合でも、問題は、正義に関するものあって、慈善の徳の問題ではない。正義と道徳一般とのあいだに、われわれがこれまで行なってきたような区別をしない人は誰であれ、両者をまったく区別せずに、道徳のすべてを正義で一括りにしているのである。

　以上で、正義という観念の特徴的な構成要素を確定する作業を済ませたので、次の探求に入る準備ができた。次に探求するのは、ある感情が特別な自然の働きで、ある観念に付随するようになっているのか、それとも、当の観念それ自体から、何らかの既知の法則によって成長できたのか、具体的に言えば、その観念が一般的な便宜に関する考慮から生じることができたのかについてである。

私の考えでは、感情それ自体は、便宜の観念とふつう呼ばれているものや正しい意味でそう呼ばれているものからは生じてこない。しかし、感情は生じないとしても、感情の中にある道徳的なものはどれも、便宜の観念から生じている。

すでに見たように、正義の感情には二つの本質的要素がある。一つは、危害をもたらした人物を処罰したいという願望である。もう一つは、危害を被った誰か特定の一人以上の個人がいると知っていること、あるいは、いると信じていることである。

そこでまず、ある個人に危害を加えた人物に対する処罰の願望であるが、これは、二つの感情から自然発生的に出てくるように見える。いずれも最も自然な感情であり、本能か本能に似ているものである。つまり、自己防衛の衝動と、共感の感情である。

われわれ自身に向けて、あるいはわれわれが共感を寄せている人々に向けて加えられた危害や危害を加える企てがあったことに対して、憤慨したり、嫌悪感を覚えたり、報復したりするのは、自然なことである。この感情の起源については、ここで論じる必要はない。これが本能であっても、知性からもたらされたものであっても、すべての動物の本性に共通していることはわかっている。なぜなら、どんな動物でも、自分や自分の子どもを傷つけた相手や、傷つけようとしていると思える相手であれば、傷つけようとするものだからである。

これに関しては、人間が動物と異なっているのは、二つの点においてだけである。第一に、人間が共感の対象にできるのは、自分の子孫にとどまらない。自分たちに親しく接してくる高等動物も共感の対象になる。同じことは、一部の高等動物にも見られるが、人間はそればかりでなく、すべての人間に対しても、さらには、感覚を持ったすべての生き物に対してすら共感を持つことができる。第二に、いっそう発達した知性を持っていることである。そのことが、自分自身に関する感情であれ、共感的な感情であれ、感情全体にいっそうの広がりを与えている。共感の格段の広さという点はさておくとしても、人間はすぐれた知性のおかげで、自分自身と自分が一員となっている人間社会とのあいだにある利害の共通性を理解できる。そのため、社会全般の安全を脅かす行為であれば、どんなものでも自分自身にとっての脅威となり、自分の自己防衛本能（それが本能であるとして）を呼び起こす。高いレベルにある知性が、人間全般に対する共感能力とこのように結びつくと、自分の属する一族や祖国や人類全

ら、どうなるだろうか。もしそうだとしたら、心の中に聞こえてくるものが、どうしてこれほど曖昧なのか、また、どうしてこれほど多くのものが、見方しだいで、正しくも見え不正にも見えるのか、理解が困難になるだろう。

効用は不確実な基準であって、あらゆる人がそれぞれ違った解釈をしているというのは、絶えず聞かされる話である。理性の命令だけが不変不滅にして無謬であり、他に確実なものはない。理性の命令はそれ自体の中に証拠を含んでいて、世論がどう変わろうと左右されることはまったくない、というのである。こういう主張のために、正義をめぐる問題には論争などありえないと考える人もいるだろう。正義をわれわれの規範とすれば、どんな事例の適用に関しても、数学の論証と同じように、疑問の余地はありえないというわけである。これは事実とまったくかけ離れている。実際には、何が社会にとって有益かという問題と同様に、何が正義にかなっているかという問題についても、多くの見解の違いがあるし、激しい論争もある。異なった国民や個人が、それぞれ、正義について異なった考え方をしている。それればかりではない。同一の個人の心の中でも、正義は、何か一つの規範とか原理とか準則としてあるのではない。それらは数多くあって、それぞれの命令は必ずしもつねに一致するわけではなく、各個人は、そのうちのどれかを選ぶ際に、正義以外の何らかの原理や自分自身の個人的な好みに従っているのである。

たとえば、他の人々への見せしめに誰かを処罰するのは不正だ、と主張する人がいる。この主張では、処罰が正当なのは、処罰を受ける当人のためという意図がある場合に限られる。他に、これとはまったく正反対の主張をする人もいる。それによれば、分別を持つ年齢に達した人を本人のために処罰するのは、専制的であり不正である。なぜなら、本人自身の善だけが問題になっているのであれば、善に関する当人の判断を規制する権利は誰にもないからである。しかし、他の人々への危害を防止するためなら、処罰は自己防衛の正当な権利の行使だから正当だろう。(8) さらに、オウエン氏(9)は、処罰することがそもそも不正なのだと主張している。なぜなら、犯罪者は自分自身の性格を作った当事者ではないからである。犯罪者の受けた教育や周囲の環境が本人を犯罪者にしたのであり、本人には責任はない、というのである。

これらはいずれも、非常に説得力がありそうな主張である。問題をたんに正義の問題として論じ、もっと奥にあって正義に権威を与えている原理にまで深入りしない限りは、これらの論者の誰に対しても反論のしようがない。なぜなら、実際のところ、これら三つの主張はすべて、正義に関する正真正銘の諸規則〔のうちのどれか〕に立脚しているからである。第一の主張は、他の人々の利益のために、一人の個人を選び出して、本人の同意なしに犠牲にすることは不正だ、という一般に認められている点に訴えている。第二の主張が論拠にしているのも、一般に認められている点である。まず、自己防衛という正義である。さらに、ある人が自分の善の構成要素だと考えているものを、別の人に押しつけることは不正だ、という点である。〔第三の主張である〕オウエン派の主張も、本人に避けられないことに関して処罰するのは不当だという、一般に認められた原理に訴えている。それぞれの主張は、それぞれの立場の論者が自分の選択から除外した原則を考慮に入れるよう強いられない限りでは、正しいと自負できる。しかし、これらの準則を真正面から対決させてみればすぐにわかるのは、それぞれの立場にまったく同程度に多くの言い分があるということである。同じように義務づけの力を持っている他の準則を無視しなければ、自説の正義の考え方を通すことは、どの説の主張者にもできない。以上が、これらの主張の難点である。どの立場も、つねにこういう難点があることは感じていて、それを克服というよりむしろ回避する対策ではあるが、多くの工夫を考案してきている。

三番目の説〔オウエン派の説〕の難点を回避する方策としては、意志の自由と呼ばれるものが考え出された。ある人の意志がまったくもって嫌悪すべき状態にあっても、それに先立つ環境の影響を何も受けていないのにその状態に至ったと考えられない限りは、その人に対する処罰は正当化できない、という考え方である。(10)

別の難点に関する回避策として好まれている工夫は、契約という作り話である。これによれば、いつの頃のことだったのかはわからないが、社会のすべての成員によって法の遵守が約束され、どんな違法行為も処罰すると同意された。これによって、人々自身の善と社会の善の双方のために、法律の制定者に処罰の権利が与えられたのだ、というのである。そのような権利は、契約以外の形ではありえないと考えられている。この巧妙な考えは、難点の全体を除去するものとみなされ、また、正義のもう一つ別の準則として一般に受け入れられているものによって、処罰を正当化するものともみなされた。その別の準則とは、「欲する者に損害は与えられない *volenti non fit injuria*〔ラテン語〕」(11)、つまり、ある物事で誰かが苦痛を被ると考えられる場合でも、その人の同意があればそれを行なうことは不正にならない、ということである。言うまでもないことだが、仮にこうした同意が作り話ではなかったとしても、この準則が取って代わろうとしている他の準則と比べて、説得力が勝っているわけではない。この準則は、むしろ反面教師として、正義の準則と考えられているものが、どれほどあやふやな歪んだ仕方で生じてくるのか示す見本になっている。この特異な準則は、明らかに、法廷での粗雑なその場しのぎを助けるものとして用いられるようになったものである。法廷は、もっと厳格な運用をしようとすると、多くの場合、いっそう大きな弊害が生じかねないために、ときには、非常に不確実な憶測に甘んじなければならないこともある。しかし、法廷の場合ですら、この準則をいつでも守っているわけではない。なぜなら、法廷は、虚言があったという理由で、またときには、たんなる錯誤や誤解という理由で、本人の意志にもとづいた契約であっても無効を認めているからである。

さらに、処罰の正当性が認められた場合でも、当の犯罪行為に相応する量刑についての議論があり、そうした議論の中で、正義についての実に多くの考え方が対立していることが明らかになっている。量刑の問題については、*lex talionis*〔報復律・ラテン語〕、つまり、「目には目を、歯に歯を」という規則ほど、正義の原初的で自然発生的な感情を強烈に示しているものはない。ユダヤやイスラムの法律に見られるこの原則は、ヨーロッパでは、実際の規則としては一般的に放棄されているが、しかし、大半の人々は、内心では渇望しているのではないか、と私は思っている。たまたま、報復がこういう形のままで犯罪者に降りかかるときには、世間は満足の感情を示していて、このやり方を受け容れる感情がどれほど自然なものかを裏付けている。多くの人々の場合、刑罰を科す際の正義の基準は、刑罰が犯罪に釣り合っていることである。これが意味しているのは、量刑は、罪人の道徳的な罪の重さに厳密に相応したものであるべきだ（道徳的な罪の重さを測る基準がどんなものであれ）、ということである。こうした人々の量刑の仕方では、どれぐらいの処罰なら犯罪を抑止できるかという考慮は、正義の問題とは無関係である。しかし、別の人々にとっては、この考慮こそがすべてである。その主張によれば、いずれにしても人間が人間に対して苦痛を科すということである以上、どんな犯罪だったにせよ、当人の再犯や別人による模倣を防ぐのに必要な最小限度を超えて苦痛を科すのは、正義にかなっていない。

もう一つ別の例を、すでに言及したテーマ〔本章一一六頁〕から取り上げてみよう。協同組合のような事業体の場合、技能や熟練度に応じた給与面での優遇は正しいことだろうか、不正なことだろうか。この問題について否定的な立場からは、次のように論じられている。自分の最善を尽くしている人は誰であれ、平等に扱われて当然であり、本人自身の落ち度でないことのために冷遇されるのは不正である。すぐれた能力があるということは、すでに十分すぎるほどの利点になっている。そのことで賞賛を得ているし、個人的な影響力を持つようになっているし、心の中で満足を感じてもいる。これだけ多くの世間的な意味での幸福を得ているのだから、さらに上乗せしなくてもよい。本人のせいでもないのにこうした利益に恵まれていない人々のために、社会が正義にかなうこととしてすべきなのは、輪をかけて恵まれない状態にすることではなく、それを補償してやることである。

これと反対の立場からは、次のように主張されている。社会は、有能な労働者からいっそう多くを得ている。より有益な仕事をしているのだから、こういう労働者に対して、社会はより多くの報酬を与えるべきである。成果全体の中で増加する部分は、実際、この人の貢献なのであり、それに対するこの人の要求を認めないことは、強奪の一種である。この人の報酬を他の人たちと同じにしても正当と言えるのは、すぐれた能力に比例する形で時間と労力の投入を減らしてやって、他の人と同じだけの成果しか求めない、という場合に限られる。

それぞれが対立する正義の原則に訴えている。誰がこれに決着をつけるのだろうか。この場合には、正義そのものが二面性を持ってしまい、両者を折り合わせることができなくなっている。論争している人々は、どちらかの側を選んで対立している。一方の側が着目しているのは、個人が何を受け取れば正義にかなうのかであり、他方の側が着目しているのは、社会が何を与えれば正義にかなうのかである。それぞれのこうした見方から何を言っても、相手に対する反論にはならない。また、正義を理由としてどちらの立場を選んでも、まったく恣意的にならざるをえない。どちらが望ましいのかを決められるのは、社会の効用だけである。

課税の割り振りに関する議論もそうである。この議論でも、多くのたがいに矛盾する正義の基準が引き合いに出されている。一つの意見としては、国家への納税は所得の額に見合ったものであるべきだ、というものがある。別の人たちの考えでは、正義が命じているのは、彼らが累進課税と呼んでいるものである。つまり、余裕のある人には、より高い税率で課税するということである。

正義の本来のあり方という見地からは、所得を考慮に入れずに、すべての人からまったく同額を(できるときはいつでも)徴収せよ、という強い主張もありえるだろう。

会食とかクラブの参加者の場合と同じように、同程度の負担能力があるかないかにかかわりなく、同じ特権に対しては同じ額を支払うということである。法と統治による保護はすべての人に与えられているし、すべての人が必要としているのだから、この保護を全員に同じ額で買わせることには、何も不正なところはない（と主張されるだろう）。同一の商品について、売り手が買い手に対し、それぞれの支払い能力に応じて違った金額を請求するのではなく、全員に同額を請求することは、不正ではなく正義にかなっていると考えられているのである。

この説を課税に適用せよと主張する人は、さすがにいない。なぜなら、これは、人道に関する人々の感じ方や社会的便宜の受け止め方と激しく衝突するからである。とはいえ、この説が訴えている正義の原則は、それに反対して訴えられている諸原則と同じように正しく、同程度の拘束力を持っている。そのため、この説は、別の課税評価の仕方を擁護する立場にも、目に見えない形で影響を与えている。富裕層により多く課税することを正当化する理由として、人々が言わざるをえないと感じているのは、国家は貧困層よりも富裕層のために、より多くのことをしている、という点である。しかし、これは実際には正しくない。なぜなら、富裕層は、法や統治が存在しなくても、貧困層よりも、はるかにうまく自分を守ることができるからである。それどころか、おそらく彼らは、〔法や統治がないのをよいことに〕うまく立ち回って貧しい人々を奴隷にしてしまうだろう。別の人々も、同じ正義の考え方に従った主張をしている。すべての人は自分の身柄の保護に関しては（誰にとっても同じ価値のあることだから）同額の人頭税を納め、大小の違いのあるそれぞれの財産の保護に関しては、異なった額の税金を納めるのがよい、という主張である。これに対しては、さらに他の人々が反対して、一人の人間が持っているもの全体と、他の人が持っているもの全体は、大切さという点では同じだと論じている。こうした混乱から抜け出るには、功利主義の方法によるしかない。

功利主義の方法によるしかないとすると、正義と便宜との違いは、架空の区別にすぎないのだろうか。正義は便宜よりも厳粛なものであり、便宜への配慮は、正義が達成されてから、その後にすべきことでしかない、というのは人々の思い違いだったのだろうか。けっしてそうではない。正義の感情の性質と起源についてわれわれの行なった説明が認めているのは、実在する区別である。私以上にこの区別を重要視する人は、行為の結果を道徳の一要素とすること〔功利主義の考え方〕に対してこの上ない軽蔑を明言している人々の中にもいない。どんな理論であれ、効用に基礎を置かずに正義の架空の基準を打ち出す主張に対しては、私は異議を唱えている。とはいえ、私の考えでは、効用を基礎としている正義は、道徳全体の中の主要な部分であり、他とは比較にならないほど厳粛で拘束力のある部分である。正義は、道徳のいろいろな規則の中でも、特定の種類の規則に与えられている名称である。この規則は、生活の導きとなる他のどの規則よりも人間の幸福に密着しており、そうであればこそ、他の規則とは比較にならない義務づけの力をそなえている。すでに見たように、正義の観念の本質として、個人に帰属する権利という考え方がある。これが、いっそう強力な拘束力をそなえた義務という意味を持たせることにつながり、また、そのことの根拠を示しているのである。

人々がたがいに傷つけ合うこと（これには、自分以外の人々の自由に対する不当な干渉も含まれていることをけっして忘れてはならない）[12]を禁じる道徳規則は、人間の幸福にとって、他の準則よりも死活的である。他の準則は、どれほど重要だとしても、人間生活のどこかの部分を扱う際に、いちばん適切な扱い方を指示しているだけである。また、この道徳規則は特異な性質も持っている。つまり、人々のいろいろな社会的感情(13)の全体を決定する主な要素になっている、ということである。この道徳規則の遵守だけが、人々のあいだでの平和の維持をもたらす。こうした遵守が通例で違反は例外的ということでなければ、誰もが、自分以外のすべての人間を敵になりうるものとみなすことになり、そのような敵にそなえて絶えず自衛していなければならなくなるだろう。

これにほとんど劣らないほど重要なのは、この道徳規則の場合、人々はそれをたがいに強制的な形で課すことに関して最も強力で最も切迫した動機を持っている、という点である。たがいに思慮的な(自分の利益になるという形での)指図や説得をするだけでは、自分にとって得るところが何もない場合があるし、本人たちもそのように考えている。積極的に慈善を行なう義務をたがいに教え説くことは、間違いなく人々の利益になるとしても、ごくわずかな利益でしかない。他人から自分への恩恵が必要でないことはありえるが、他人が自分に危害を与えないことは、いつでも必要である。こういうわけで、直接的に危害を加えられたり、あるいは、自分自身の善を追求する自由を妨げられることで危害がおよんできたりすることから、すべての個人を保護する道徳は、各個人が最も気にかけている道徳でもある。それとともに、各個人は、この道徳が言葉と行為を通じて周知され、きちんと遵守されることに、最も強い関心を寄せている。これらの道徳規則を遵守することは、個人が人類社会の一員にふさわしいかどうかの試金石になり決め手となる。なぜなら、この人と接する人々にとって、この人が厄介者かどうかは、そうした道徳規則の遵守にかかっているからである。

正義を義務づける力を作り出しているのは、元来、このような道徳なのである。不正の最も顕著な事例であるとともに、不正の感情を特徴づける嫌悪感が鮮明に現われている事例は、誰かに向けた理不尽な攻撃や不当な権力行使といった行為である。それに続くのは、本人に帰属すべき何かを不当にも与えないでおくことである。どちらの場合も、本人は、はっきりとした形の危害を被っている。つまり、直接に苦痛を与えるという形のこともあれば、理にかなった自然的あるいは社会的な性質の根拠から本人が期待していた何かの善を奪う、という形のこともある。これらの強力な動機は、この最優先の道徳を遵守するよう命令するだけではなく、さらに、この道徳に違反する人の処罰も命じている。そして、自分や他の人々を守ろうという衝動とか復讐の衝動が、すべて、こういう人物に向けて生じてくるにつれて、報復、つまり悪に対して悪で報いることが、正義の感情と密接に結びつき、報復がいつでも正義の観念の中に含まれるようになる。

善に対して善で報いるということも、正義が命じていることの一つである。その社会的な効用ははっきりしているし、自然な人間的感情をともなうものでもある。とはいえ、一見したところでは、正と不正の最も基本的な事例に存在していて、不正の感情に特徴的な強烈さをもたらしているもの、つまり、損傷や害悪を与えることであるが、このこととの明白なつながりはないかのように見える。しかし、このつながりは、〔悪に報いる場合に比べると〕見えにくいとしても、同じように実在している。恩恵を受けておきながら、必要とされるときにそれに報いるのを拒むのは、最も自然で理にかなった期待を裏切ることであり、実際の危害を与えたことになる。恩恵を受けた側は、少なくとも暗黙のうちに、この期待を相手が持つように仕向けていたのであり、そうでなかったら、恩恵が与えられることはまずなかっただろう。人間による悪事や非道の中で、期待を裏切ることが重大なものに位置づけられていることは、友情への裏切りと約束違反という二つのきわめて不道徳な行為が、最高の罪悪になっているという事実に示されている。人間にとって最も耐えられない危害であり、最も傷つけられるのは、いつも全面的に信頼していたものが、必要になったときに当てにならなくなってしまうことである。たんに善を与えずにおくだけでも、最悪の所業になる。苦痛を受ける本人にとっても、共感しながら見ている人にとっても、これほどの憤激を駆り立てるものは他にない。こういうわけで、各人にふさわしいものを各人に与えるという原則、つまり、悪には悪を、善には善を与えるという原則は、われわれが擁護してきた正義の考え方の中に含まれているばかりでなく、この原則に対しては、人間を評価する際に正義をたんなる便宜の上に置く強い感情が向けられて当然なのである。

世の中で通用していて、いろいろな問題処理に際して訴えられるのがふつうである準則について言えば、その大半は、われわれがこれまで論じてきた正義の諸原則を実行に移すためのたんなる手段である。個人が責任を負うのは、意志的に行なったことや意志的に避けようとすれば避けられたことに関してだけであるとする準則。どんな個人に対してであれ、弁明を許さないまま有罪判決を下すのは不正であるという準則。処罰は犯罪等に見合ったものであるべきだという準則――こういう準則による正当化がないまま、悪には悪で報いるという正義の原則が誤用され害悪が生じるのを防ぐことが、これらの準則の目的なのである。広く知られているこれらの準則の大部分は、法廷の慣行から始まって広く用いられるようになったものである。それらは、相当と言える処罰を行なうとともに各人の権利を与えるという二重の役割を持っている。そういう役割を果たせるようにするのに必要なルールも、門外漢の想像以上に、きちんと認知されていて入念なものになっている。

法廷で何よりもまず求められる徳目は公平であるが、これは正義に関する義務の一つである。なぜ最初に求められるかと言えば、その理由の一半は、先ほど述べたように、正義に関する他のいろいろな義務を果たすのに欠かせない条件だというところにある。しかし、これらの準則がいろいろな義務の中で高い地位を占めている理由は、このような必要条件ということには尽きない。平等の準則と公平の準則は、一般の人々と有識者のいずれの見方においても、正義の諸々の原則の一つとされている。ある見方からすれば、これらの準則は、すでに取り上げた原理〔善悪それぞれに相応に報いるという原理〕から二次的に引き出されるものとみなしてもよい。各人が各自相応に行為して、善には善で応え、悪は悪によって抑えこむということが義務であるとすれば、必然的に、われわれをわれわれに相応する形で厚遇してくれた人々全員を〔より高次の義務が禁じていない限り〕、われわれは平等に厚遇すべきだということになる。

また、社会も、本人相応に社会に対して貢献したという点で同等の人々、つまり、社会の側が何も条件をつけずに平等に厚遇するのが相応な人々であれば、その全員を平等に厚遇すべきだ、ということになる。これが社会的で配分的な正義に関しては理論上の最高基準なのであり、最大限可能な仕方でこれをめざして、すべての制度は作られるべきであるし、また、すべての有徳な市民が努力すべきなのである。

しかし、この〔平等と公平という〕重要な道徳的義務が依拠しているのは、さらに深いところにある基礎である。つまり、道徳の第一原理から直接に派生しているのである。二次的原理や派生原理から出てくるたんなる論理的帰結、といったものではない。この道徳的義務は、効用、つまり最大幸福原理の意味そのものに含まれているのである。ある人の幸福の程度が〔種類に応じて適切な酌量をした上で〕他の人々と同じだと考えられるのに、その評価が他の人の場合の評価と厳密に同じでないとしたら、効用の原理は合理的な意味を欠いた、たんなる言葉の羅列にすぎなくなる。今述べた〔種類に応じた酌量〕条件をつけておけば、「すべての人は一人として数えられ、誰についてもそれ以上に数えない」というベンサムの格言[14]を、説明用の補注として効用原理のあとに書き加えてもよいだろう。*

＊〔原注〕人々のあいだでの完全な公平という、功利主義の体系における第一原理に含意されている点は、ハーバート・スペンサー氏の（『社会静学』の中での）見解によると、権利は効用から十分に引き出せる、という主張への反証になっている。なぜなら（彼が言うには）、効用の原理は、誰もが幸福に対して平等な権利を持っているという先行原理を前提にしているからである。この前提をもう少し正確に言うと、幸福を感じているのが本人であろうが他の人であろうが、幸福の量が同じであれば、望ましさも同じだということになるだろう。とはいえ、これは前提ではない。効用の原理を支えるのに必要な前提ではなくて、原理そのものである。なぜなら、「幸福」という言葉と「望ましい」という言葉が同じ意味でないなら、効用の原理とはいったい何なのか、ということになるからである。含意されている先行原理が〔効用の原理に関して〕あるとすれば、それは、量として計測可能な他のすべてのものと同様に、幸福の評価にも数学の真理が適用できるということ以外にありえない(16)。

以上の注記に関して、ハーバート・スペンサー氏は、私信の中で(17)、自分が功利主義に反対しているとみなされていることに異議をとなえ、自分は幸福を道徳の究極目的だと考えていると述べている。しかし、彼の考えでは、この究極目的は、行為の結果を観察しそれを経験的に一般化しても、部分的にしか得られない。完全な形で得るには、生活に関連する法則や生活条件から、どんな行為が必然的に幸福や不幸をもたらす傾向にあるのかを演繹によって引き出すしかない。私としては、「必然的」という言葉を別とすれば、この主張に異論はない。また、(この言葉が削除されていれば)功利主義を提唱している現代の論者の中に別意見の人がいるとも思えない。スペンサー氏が『社会静学』の中で特に言及している(18)ベンサムは、行為の幸福への影響を人間本性の法則と人間生活の普遍的条件から演繹することに消極的どころではなかった。消極的だという非難は、間違いなく、すべての〔功利主義の〕論者の中でいちばん当たらない人だった。ベンサムに対する非難としてよくあるのは、そうした演繹だけに頼りすぎたことへの非難である。大方の功利主義者がひたすら専念しているとスペンサー氏が考えていること、つまり、特定の経験からの一般化であるが、これに縛られるのをベンサムはきっぱり拒んだのであり、そのことで非難されているのである。私自身の見解では(スペンサー氏の見解でもあると思うが)、必要なものは、倫理学の場合でも、科学的研究の他のあらゆる分野と変わらない。つまり、こうした二つの手順〔演繹と経験的一般化〕の両方から導かれた結論が一致し、たがいに相手の結論を補強し検証していることが、どんな一般命題であるにせよ、その命題に対して、科学的証明を成り立たせる質と水準を与える要件なのである。

道徳論者や立法者の見解によれば、すべての人が平等に幸福を要求できるということは、幸福のためのあらゆる手段も平等に要求できることを含んでいる。しかし、人間生活において避けられない条件や、すべての個人の利益を含んでいる社会全般の利益が、この準則に制約を加えている場合は別である。ただし、この制約については、厳密な解釈をしなければならないとされている。他のすべての正義の準則と同じように、この〔幸福とその手段に関する平等の〕準則も普遍的に適用できるわけではないし、適用できると考えられてもいない。それどころか、今示したように、社会的便宜に関するすべての人々の考え方に左右されている。しかし、ともかくも適用可能だと考えられる場合は、どんな場合にしても、この準則は正義の命ずるところだと受け止められている。何らかの広く認められた社会的便宜が平等でない扱いを要求する場合を除けば、すべての人は平等に扱われることに権利を持っていると考えられている。

こういうわけで、便宜にかなうと考えられなくなった社会的不平等はすべて、たんに便宜にかなわないという性質だけではなく不正の性質も持つことになる。以前の不平等は、今の人々からすると非常に専制的に見えるので、こんなものが許されるということがどうしてありえたのかと、いぶかしく思えるほどである。しかし、人々は、おそらく自分たちも便宜の考え方を誤解していて、平等の名の下で他の不平等を許していることを忘れているのである。この誤解を正せば、人々が認めている物事でも、彼らがようやく非難できるようになった物事と同じぐらいに、まったく途方もないものに思えてくるだろう。社会改善の歴史全体が、これまでどういう一連の変化だったかと言えば、社会の存続にとって最も必要だと考えられていた慣習や制度が、次々と例外なく、不正と専制の烙印を押されるところにまで成り下がっていく、という変化だった。奴隷と自由人、領主貴族と農奴、都市貴族と平民といった区別がそうだった。肌の色や人種や性による上下の区別もそうなっていくだろうし、すでに部分的にはそうなっている。

これまで論じてきたことから見て取れるように、正義とは道徳上の一定の諸要件であり、それらの要件をひとまとめにして見れば、他のどの要件と比べても、社会的効用の度合が高く、したがってまた、その義務づけの力も格段に強くなっている。ただし、他の社会的義務で非常に重要なものがあれば、正義の一般的準則のいずれも抑えて優位に立つことはある。だから、人命を救うために、必要な食料や医薬品を盗んだり奪ったりしても、あるいは、一人しかいない資格を持った開業医を無理やり連れ出して強引に診療させても、許される場合はあるだろうし、それどころか、義務になる場合もあるだろう。こういう場合、われわれは、有徳でない行為〔こうした強引な行為〕を正義とは呼ばないから、正義が何か他の重要な道徳原則に道を譲った、とは言わない。われわれはふつう、通常の事例では正義にかなったこと〔強引な行為を控えること〕でも、特定の事例では、他の道徳原則が理由となって、正義にかなわなくなることがある、と言っている。このように言い方をうまく変えることで〔正義を根拠にして強引な行為を正当化しないことで〕、正義が持つとされている不可侵性が守られ、賞賛すべき不正がありうる、などと言わずに済むわけである。

以上の考察により、道徳に関する功利主義理論の中で、本当の困難と言える唯一のものが解決されたと思う。つねに明らかだったのは、正義の事例はすべて、便宜の事例でもあるということである。両者の違いは正義に付随する特別な感情であり、それが便宜とは対極的な違いになっている。この特徴的な感情をこれまで次のように説明してきた。この感情について、どんな特別な起源も想定する必要はない。それは、憤激という自然的な感情が、社会的善の要求と横並びに存在することで道徳的になったものにすぎない。そして、この感情は、正義の観念が当てはまるあらゆる種類の事例に存在しているばかりでなく、存在すべきものでもある。以上で十分に説明できているとすれば、正義の観念は、もはや、功利主義の倫理にとっての躓《つまず》きの石ではない。正義は、他の社会的効用と比べて、一つの種類としては(個々の事例においては当てはまらないことがあるとしても)格別に重要であり、したがって、有無を言わさない命令的な性格も強い。正義という名称は、そういう社会的効用にふさわしいものであり続ける。だからこそ、正義は、他の感情とは程度ばかりでなく種類も異なる感情によって守られなければならないし、また実際にも、そのようにして自然に守られている。この感情は、より確固とした命令を下すと同時に、動機《サンクション》づけもずっと強力であることで、たんに人間の快楽や利便性を増進するというだけの観念に付随するもっと穏やかな感情とは違っているのである。

附　録

一　自由と必然について
（『論理学体系』第六巻第二章）

二　道徳と思慮を含む実践あるいは技術の論理学について
（『論理学体系』第六巻第一二章）

附録・一　『論理学体系』第六巻第二章

自由と必然について

第一節　人間の行為は因果性の法則に従っているか

因果性[1]の法則が、他の現象と同様に、厳密な意味で人間の行為にも当てはまるのかどうかという問題は、意志の自由をめぐる論争としてよく知られている。この論争は、少なくともペラギウス[2]の時代にまでさかのぼるものであり、哲学界と宗教界のどちらも二分してきた。肯定的な見解は、人間の意志作用や行為は必然的で不可避的なものだと主張しているので、必然論と呼ばれるのがふつうである。否定的な見解の側の主張によれば、意志は他の現象のように先行する原因によっては決定されておらず、自らが自らを決定している。われわれの意志作用は、正しい言い方をすれば、原因からもたらされる結果ではないし、あるいは少なくとも、一律に、ただ従うしかないような原因は持たない、とされている。

すでに十分に明らかにしたように、これらの見解のうち、私は前者を正しい見解だと考えている。しかし、この見解を表わす用語〔必然論〕は誤解を招きやすいものであり、この用語にふつう感じられる不明瞭さが、この見解の受容を妨げ、また、受容された場合でも歪んだ影響を与えてきた。自由意志に関する形而上学的理論が哲学者たちの主張するような形で発明された理由は、〔自由な意志があるという実際の感情は、多かれ少なかれすべての人間に共通していて、対立説〔必然論〕とも十分に両立するから〕次のような考えにあった。つまり、対立説だと人間の行為は必、然、的、なものだと認めることになるが、これはすべての人が本能的に感じていることと矛盾するばかりでなく、自尊心を傷つけ人間の道徳的性質を堕落させてしまう、という考えである。私としても、この非難が当たるような形で必然論が主張されることがあるのは否定しない。なぜなら、こうした非難こそが誤解〔必然性の意味に関する誤解〕を生み出していると言えるにしても、残念ながら、この誤解は、必然論に反対する人々だけではなく、その支持者の多くにまで、おそらくは大半にまでと言ってもよいだろうが、およんでいるからである。

第二節　哲学的必然性とふつう呼ばれている説はどういう意味で正しいのか

哲学的必然性と呼ばれている説は、正しく理解すると、次のようなことでしかない。個人の心の中に現われている動機を前提とし、また、その性格や気質も同様に前提とすれば、彼*の行動の仕方は間違いなく推論できる。われわれがその個人を十分に知り尽くし、その人に作用しているあらゆる誘因を把握すれば、われわれは、物理的な出来事について予測できるのと同じぐらい確実に、その人の行為を予言できるだろう。

＊〔原注〕「彼」という代名詞は、すべての人間を表わすのに使える唯一のものである。性別のような、主要な区別として扱う価値のまったくない特徴で区別せずに、人間全般を表わすのに役立つ表現は、まだ創案されていない。これは、言語における欠陥以上のものである。なぜなら、人類の半分〔男性〕を全体扱いして考え語るという、ほぼ普遍的と言ってよい習慣を、今後も大いに長引かせることになるからである。(3)

こういう説であれば、普遍的経験を説明しているだけであるし、誰もが心の中で確信していることを言い表わしていると私は思う。どんな場合であれ、そのときの環境と当事者たちのそれぞれ異なった性格を十分に知り尽くしていると思っている人であれば、その当事者たちの全員についてどう行為するかを予言するのにためらうことはないだろう。実際には〔行為の予言に〕疑念を感じることもあるだろうが、どの程度の疑念であるにせよ、それが生じてくるのは、当の環境や当事者の性格を、必要とされる程度の正確さで本当に知っているのかどうかが不確実なためである。そうした環境や性格を知っていても、行為がどんなものになるかは不確実でありうる、という考えがあるために疑念が生じるわけではない。また、十分な確信がある場合でも、自由の感情と呼ばれているものとはまったく矛盾しない。われわれを熟知している人が、ある特定の場合にわれわれがどう行為しようと意志するかについて十分に確信しているからといって、われわれは、その分だけ自分が自由でなくなっていると感じたりはしない。われわれは、むしろ逆に、どんな行為になるかを疑うのは、われわれの性格に関する無知の印だとみなすことが多いし、人を侮辱していると憤激する場合さえある。意志の自由を主張した宗教的な形而上学者たちは、意志の自由と、神がわれわれの行為を予知していることとは両立する、とつねに主張してきた。神の予知と両立するのであれば、他のどんな予知とも両立するだろう。われわれが自由であったとしても、その一方で、われわれがその自由をどのように利用するかについて他の人がこれで間違いなしと推測し、その推測が正しいものになっていることもあるだろう。したがって、われわれの意識と矛盾したり、堕落的なものだと感じられたりしているのは、自分の意欲と行為は自分の精神において先行していた状態の不変の結果だとする説ではない。

しかし、因果性の理論は、われわれの意欲とその先行事象とのあいだにも通用するとみなされるときには、ほとんどすべての場合、今述べたこと以上の意味があると考えられている。因果関係の中には不変かつ確定的で無条件的な継起[4]以外には何も存在しない、と実際に思っている人はごくわずかであり、多くの人はそのように考えていない。原因と結果の関係といった特別な関係の場合は、いつも同じ継起が繰り返されれば、それだけで十分に強力な結びつきになっている、という見方をする人はほとんどいない。何かもっと緊密なものがあるという感情や、何か特別な結びつきとか、先行事象が結果におよぼす神秘的な拘束力があるという感情は、理性が否定しても、想像力のために残ってしまう。

そこで、これが人間の意志にも当てはまると考えてしまうと、われわれの意識と衝突し、われわれの感情を逆なですることになる。われわれは、自分の意欲の場合には、こうした神秘的な拘束はないと確信している。われわれは、魔法の呪文のようなもので何か特定の動機に従うよう、自分が強いられてはいないと知っている。われわれは、自分には当の動機に抵抗する力があると証明したいと望めば(言うまでもなく、そう望むことが新たな先行原因となって)、そうできると感じている。他の考え方をすることは、われわれの誇りを傷つけるし、さらに(いっそう重要なことだが)向上しようというわれわれの願望を無力化してしまう。(5) しかし、今では、権威のある最も優れた哲学者たちは、〔本人の意志以外の〕別のどんな原因の場合でも、結果が生じるときにそのような神秘的強制力が働いているとは考えていない。原因は神秘的な結びつきによって結果を生じさせていると考える人々であっても、意欲とそれに先行する物事との関係ということになると、神秘的な結びつきとは違う性質があると考えている。それは正しいのである。しかし、こうした人々はさらに一歩踏み込んで、これが他のすべての結果とそれに先行する物事とのあいだにも当てはまることを認めるべきである。

もし、神秘的な結びつきが必然性という言葉に含意されているとしたら、必然説は人間の行為について真理とは言えない。それればかりか、生命のない物体についても真理とは言えないのである。〔そのような意味での〕必然性に拘束されていないと言うのであれば、精神がそうだと言うよりも、〔そもそも〕物体がそうなのだと言った方がもっと正確だろう。

自由意志を形而上学的に〔因果関係を超越したものとして〕主張する論者たちは、大半が、原因と結果に関するヒューム(6)やブラウン(7)の分析を否定する学派に属している。だから、この分析が提供してくれる手がかりを欠くことで進路を見失っていても、それは意外なことではない。意外なのは、必然論者はふつうこの哲学理論を認めているのだが、そういう彼らも、実際には同じようにこの理論がわかっていないことである。哲学的必然性と呼ばれる理論への誤解のために、これに反対する側は、この理論の正しさを認識できなくなっている。その一方で、私の考えでは、必然説の論者の場合も、言葉の上では否定するかもしれないが、ほとんどの場合、頭の中にまったく同じ誤解が多かれ少なかれ目立たない形で存在している。こうした人々が、行為の中に自分たちが認めている必然性とは〔原因から結果が生じるという〕秩序の斉一性と予言可能性以外のものではないといつも感じているのだったら、私の側の大きな誤解ということになる。〔ところが実際には〕彼らは、意欲とその原因とのあいだに、根底においてもっと強力な結びつきがあるかのように感じている。動機を知っていて、そうしたものにわれわれが通常どう反応するかも知っている人であれば、誰でも、われわれがどのように行為を意志するかは予言できる。しかし、必然説の論者の大半は、意志はいろいろな動機のあいだでの差し引きの結果に支配されていると言うとき、何かこれ以上に説得力のあることを言っているかのように感じている。彼らは、自分たちの科学的体系に反する形で、彼らの論敵たちが自説に従う際に犯しているのとまったく同じ誤りを犯しているわけである。その結果、自分たちを意気阻喪させるような結論に悩むことにもなる。その結論は、論敵たちが誤って、必然論そのものがもたらす結論だと非難している結論なのである。

第三節　必然性という言葉の不適切さと有害な影響

以上の誤りに関して、私としては次のように考えたい。この誤りは、ほぼ全面的に言葉の連想の影響によっている。だから、これを防ぐためには、因果関係というわかりやすい事実を表わす際に、必然という非常に不適切な言葉の使用は控えるべきである。この言葉は、受け取り方によっては、たんなる継起の斉一性をはるかに超える意味を持っている。つまり、不可抗性という意味である。必然性という言葉が意味しているのは、この言葉を意志について用いる場合でも、与えられた原因には一定の結果が後続するが、他の原因から対抗的な作用を受けるあらゆる可能性もある、ということでしかない。ところが、ふつうの言い方では、対抗的な作用などありえないほど強力な作用だけを示すようになっている。

人間のあらゆる行為は必然的に生じると言うとき、それが意味しているのは、何かに阻まれなければ、当の行為は確実に生じるということでしかない。ところが、食糧が手に入らない人にとって餓死は必然だと言うときには、防ごうとして何をしたところで餓死は確実だという意味になってしまう。本当に統御不可能な自然の作用を表わすために使われるのと同じ言葉が、人間の行為を左右する作用に使われ、それが習慣になると、この場合でも統御不可能という感情が必ず生まれてしまう。しかし、これはたんなる錯覚でしかない。食物や空気の欠乏によって死亡する場合のような物理的な物事の継起は、必然と呼ばれる。他方で、同じ因果関係でありながら、必然と言われないこともある。毒物で死亡する場合がそうである。この場合は、解毒剤や胃洗浄によって死亡せずに済むこともある。人間の行為は後者の部類に属している。このことを、人々は頭で理解して覚えたとしても、感情のせいで忘れてしまいがちである。人間の行為は(熱狂状態のような多少の例外はあるとしても)、他の動機による影響の余地を残さないほど、一つの動機に絶対的に支配されるものではない。したがって、行為を左右する原因は、けっして統御不可能なのではない。ある特定の結果が必然的なのは、その結果をもたらす傾向を持つ原因が統御されていない限りでのことである。妨げとなりうる何かが生じなければ、どんな物事でもそのまま起きてくるのであり、それ以外にありえない。これを認めることに、誰もためらう必要がないのはたしかである。

しかし、こういうことを必然性という名前で呼ぶのは、この言葉を、元々の馴染み深い意味とは非常に異なった意味、つまり、生活の中でふつうに意味しているのとは非常に違った意味で用いることである。これでは、言葉の遊びとほとんど変わりのないものになってしまう。必然という言葉の通常の意味から派生する連想は、われわれがどう頑張っても、この言葉に取りついて離れようとしない。だから、必然説は、大半の支持者が論じているように、宿命論とは非常に異なっているにもかかわらず、おそらく必然説の論者の大半は、気持ちの上では、多かれ少かれ宿命論者なのである。

宿命論者が信じているのは、いやむしろ（一貫した宿命論者というのはいないので）半ば信じているのは、今から起ころうとしているのはそれをもたらす原因から間違いなく起きてくる結果だ、ということだけではない（ここまでは正しい必然論である）。さらに、そうした結果に逆らっても無駄であり、阻止しようとどう努力しても起きてしまうものだと信じているのである。そういうわけで、必然論者は、行為は行為者本人の性格に由来し、その性格は本人の素質や教育や環境に由来すると考えているので、論者本人がどこまで自覚しているかには多少の違いはあるものの、自分の行為に関しても宿命論者となりがちある。つまり、自分の素質は今あるようなものであり、教育や環境が今あるような自分の性格を形作っている以上、ある特定の仕方で感じたり行為したりすることは避けられないし、あるいは少なくとも、自分自身の努力でそれを阻むことはできない、と信じてしまいがちである。(8)

この重要な理論〔必然説〕は、今日、最も粘り強く説く一方で、この上なく曲解してもいる学派の言い方だと、本人の性格は本人のために作られているが、本人によって作られはしないのであり、したがって、別の性格に作られていたらよかったのにと願望しても無駄であって、本人に性格を変える力はない、ということになる[9]。しかし、これは大きな誤りである。本人にも、ある程度までは、自分の性格を変える力がある。本人の性格が最終的には本人のために作られるということは、性格の一部が、本人という、そこに割り込んでくる要因の一つによって作られることと矛盾しない。本人の性格は、本人の環境要因(その人特有の素質も含めて)によって作られる。しかし、特定の形で自分の性格をつくりたいという本人自身の願望も、そうした環境要因の一つであり、その影響はけっして些細なものではない。

たしかに、今の自分と違ったものになることを直接に意志しても、結果は出せない。しかし、われわれの性格を作ったと考えられる人々にしたところで、われわれが今のような性格になることを、直接に意志したわけではない。こうした人々の意志にしたところで、その直接的な力がおよんだのは自分自身の行為に限られていた。彼らが私たちを今あるような形に作ったのは、目的を意志することによってではなく、必要な手段を意志することによってであった。われわれも、習慣が強固になりすぎていなければʼ、必要な手段を同じように意志することによって、自分を違ったものにすることができる。彼らがわれわれを一定の環境の下に置くことができたのであれば、われわれも同じようにして、自分を別の環境の影響の下に置くことができる。もし、われわれが意志するのであれば、他の人々がわれわれのために性格を作ったのとまったく同じように、われわれ自身も自分の性格を作ることができる。

そのとおりだが（とオウエン主義者は切り返してくる）、ただし、「もしわれわれが意志するのであれば」という言葉で、議論は台無しになっている。なぜなら、われわれ自身の性格を変えようとする意志を生じさせているのは、われわれの努力ではなく、われわれにはどうにもならない環境だからである。つまり、そうした意志は外部の原因に由来しているだけで、それ以外のものは皆無である。ここまでは、まったくもってその通りである。オウエン主義者がここで立ち止まるのであれば、引き下がるよう彼らに申し渡す理由はない。われわれの性格は、われわれのために作られるだけでなく、われわれによっても作られる。しかし、自分の性格を作る企てにつながる願望は、〔われわれ以外の何かによって〕われわれのために作られたものである。では、どのようにしてなのか。それは一般的に言えば、われわれの素質ではないし、すべてが教育の結果だということでもない。われわれの経験なのである。われわれがそれまで持っていた性格の結果としてもたらされた、苦々しい経験である。あるいは、偶然的に生じた賞賛や熱望といった何らかの強い感情である。

しかし、われわれには自分の性格を変える力がないと考えることと、その力は使おうと望まなければ使われないだろうと考えることとは、まったく別のことであり、精神に対しても非常に異なった影響を与える。自分の性格を変えようと望んでいない人が、自分にはそんなことはできないのだと考えて落胆したり意気阻喪したりするというのは、ありえないことである。宿命論の影響で憂鬱な気持ちになるのは、この説が不可能だとしていることをしようとする願望が存在する場合に限られている。自分の性格を作るという願望を本人自身が持っていないときには、何が自分の性格を作っているのかを考えることは重要ではない。しかし、そんなことは実現不可能だと思い込んでこの願望が育っていくのを妨げないことは、非常に重要である。また、この願望を持っているのであれば、性格形成の仕事は、まだ、変更不可能なところにまで進んでいて後戻りできなくなっているわけではない、と知ることも非常に重要である。

実際のところ、綿密に検討してみれば、自分が願望すれば自分の性格を変えることができるという、この感情こそ、われわれが道徳的自由の感情(10)だと意識しているものに他ならないことが判明する。自分の習慣や自分を誘惑するものが自分の支配者なのではなく、自分がそれらの支配者なのだと感じている人は、道徳的に自由だと感じている。たとえそれらに屈服している場合でも、自分が抵抗しようと思えば抵抗できると知っている人であれば、同じように感じている。こういう人は、習慣や誘惑を完全に放棄しようと望めば、そのためには、自分の中で感じることができると知っている感情で十分であり、それ以上に強力なものは不要だ、とわかっている。もちろん、自由だという意識を完全なものにするためには、性格形成をめざして自分が企ててきたすべてにおいて成功を収めている必要がある。なぜなら、願望はしたものの何も達成していなければ、その分、自分の性格に対する力を持っておらず自由でない、ということになるからである。あるいは少なくとも、自分の願望が自分の性格を変えるほど十分に強くなかったとしても、何か特定の行為に際して願望と性格とが衝突した場合には、願望が性格に打ち勝てる程度には強いものだと感じている必要がある。そういうわけで、徳をしっかりとそなえている人だけが完全に自由だ、という言い方は正しいのである。

必然性といった不適切な言葉を、人間の性格という問題に関する因果関係の理論で使うことは、私の思うところでは、哲学における言葉の誤用の最も顕著な例の一つであり、また、それが実際にもたらす結果は、われわれの連想におよぶ言葉の力を最もよく示している例の一つである。必然性という、難点をかかえた言葉が使われなくなるまでは、ここで論じている〔人間の性格と因果関係という〕問題が広く理解されることは、けっしてないだろう。自由意志説は、必然性という言葉のために見失われてしまう真理の部分、つまり、自分自身の性格形成において〔他の外的要因とともに自分の〕精神の力が協働しているという真理を、正しく捉えている。そのことによって、自由意志説は、実践的な場面でのこの真理にふさわしい感情という点で、必然性論者の内心に一般的に存在している（と私は思っているが）以上の感情を、自由意志説の支持者たちに与えてきたのである。必然説は、誰かが他の人の性格を作り上げるためにできる物事の重要性に関しては、〔自由意志説よりも〕理解がしっかりしていたかもしれない。しかし、自己陶冶の精神という点では、〔必然説に比べて〕自由意志説は、その支持者の中にはるかに強固なものを育て上げてきた、と私は考えている。[11]

第四節　動機はつねに快楽や苦痛の予想だとは限らない

人間の行為の因果性に関する理論が、多くの人々の知性にまとわりついている混乱や誤解から脱却できるようにするためには、（自己形成の力が存在することに加えて）さらにもう一つ、注目しておく必要のある事実がある。意志が動機によって決定されると述べるとき、動機が意味しているのは、必ずしもつねに快楽や苦痛の予想ということではないし、そうした予想に限られるわけでもない。どの意志的行為にしても、最初は、何らかの快楽を獲得したり何らかの苦痛を回避したりすることをめざして意識的に使われる手段にすぎないのかどうか、その真偽の検討にここでは立ち入らない。少なくとも確実なのは、われわれは連想の影響を通じて徐々に、目的のことを考えずに手段を望むようになる、ということである。行為それ自体が願望の対象となり、他のどんな動機も顧慮せずに行なわれるのである。

これだとまだ、次のような反論があるだろう。つまり、当の行為が連想を通じて快楽を与えるものになったのだったら、われわれは快楽の予想によって、つまり、当の行為自体がもたらす快楽によって動かされているわけで、以前と変わらない、という反論である。しかし、これを認めたとしても、問題はここで終わるわけではない。習慣の形成が進み、快楽を与えてくれる特定の行為や特定の行動方針を意志することに慣れてくると、最後には、快楽を与えるということを思い浮かべないまま、それを意志し続けるようになる。われわれの中での何らかの変化や、われわれをとりまく環境の何らかの変化のために、当の行為に快楽を見出さなくなっていても、あるいは、その行為が快楽をもたらすという予想できなくなっていたとしても、われわれは依然としてその行為をしたいと思い続け、結果的にその行為をし続ける。このようにして、行き過ぎのために有害になっている習慣は、快楽を与えなくなってからでも続くことになる。また、同じようにして、道徳的英雄の場合は、善行をしているという意識から間違いなく得られる見返りが実際にあったとしても、それだけでは自分が受ける苦痛や断念しなければならない願望には引き合わないこともあるだろうが、そういうときでも、自ら選んだ方針を守り抜こうとする習慣を捨てないのである。

意志の習慣は、ふつう、決意《パーパス》と呼ばれる。われわれの意欲の原因や、意欲から生じてくる原因の中には、好き嫌いばかりでなく、このような決意もあると考えなければならない。われわれの決意が、その起源である快楽や苦痛の感情から独立したときに、われわれはようやく、確固とした性格を持っていると言ってもらえるのである。「性格とは」、ノヴァーリスの言うところによれば、「型が完全に定まった意志」のことである。(12) 意志は、いったん、そのように型が定まると、安定し揺らぐことがない。そのときには、快楽や苦痛に対する受動的感受性は大幅に弱まっているか、著しく変化しているのである。

意欲の原因は動機であり、動機の原因は、願望に対する各人に特有な感受性と結びつく形で各人に見えてくる望ましい対象である。この理論は、以上に示した修正や説明があれば、本書〔『論理学体系』〕の目的には十分な程度にまでに確証されたと考えてよいと思う。*

＊〔原注〕ここでの議論や説明への若干の補足として、『サー・ウィリアム・ハミルトンの哲学に関する検討』〔ミルの著書（一八六五年刊）〕、第二六章を参照。(13)

附録・二『論理学体系』第六巻第一二章

道徳と思慮を含む実践あるいは技術の論理学について

第一節　道徳は科学ではなく技術である

これまでの章では、道徳と呼ばれている知識の分野にあって、言葉の唯一正しい意味で、つまり、自然的なプロセスの探求という意味で、科学と言えるものの現状を特徴づけることに努めた。(1) しかし、道徳的知識という名前がついているものには、直接法〔「である」という言い方〕で結論を示す探求ばかりでなく、命令法〔「すべきだ」という言い方〕や婉曲にではあるが同じような形で結論を示す探求も含まれるのがふつうである。道徳科学と呼ばれているものに(不適切なのだが)含まれることすらある。義務の知識、実践倫理学、道徳学などと呼ばれているものがそうである。

そこで、命令法について言うと、これには科学とは別の特性がある。つまり、技術《アート》という特性である。事実に関する言明としてではなく、規則や準則として述べられるものは、どれも技術である。だから、正しい言い方をすれば、倫理や道徳は、人間本性や社会に関する科学に対応する技術の一部分である。*

*〔原注〕ほとんど言わずもがなの余計なことになるが、アートという言葉には別の意味もある。つまり、物事全般において、その科学的な側面とは正反対の詩的な部分や側面を意味することもある。本書では、このアートという言葉を、〔そうした詩的な意味よりも〕もっと昔から使われていた意味で使っている。これは、まだ廃れていない意味だと私は思っている。(2)

したがって、倫理学の方法は、技術や実践の全般における方法以外にはありえない。本書〔『論理学体系』〕のこの最終巻で行なうことにしていた作業のうち、まだ手つかずに残っている部分は、科学と区別されるものとしての技術の一般的方法を特徴づけることである。

第二節　技術の規則と、技術に対応する科学の定理との関係

実践的な仕事の分野では、人々は自分たちの取り組みを、すでに確立している規則に従わさせなければならない場合がある。その一方で、自分たちの営みを律する規則を見つけ定立することが、自分たちの仕事上の役割になっている場合もある。前者の例としては、確定している成文法の下に裁判官が置かれている場合がある。裁判官が扱っている個別の案件の場合、どんな方針がその案件自体の見地から最も望ましいのかを決定することは求められていない。求められているのは、どんな法律の規程がその特定の事例に当てはまるのかを決定することだけである。つまり、立法府がその種の事例において行なうべきと定めていて、したがって、当の個別事例においても行なうべきと推定すべきなのは何かを決定することだけである。この場合の方法は全面的に、他の方法を交えることなく、演繹的推論、つまり、三段論法でなければならない。そして、その手順は明らかに、三段論法に関する本書の分析で示したように、すべての演繹的推論が行なっていること、つまり、公式[3]を解釈することである。

以上とは反対側にあるケース〔自ら規則を定立する場合〕の例示も、今までと同類のところから引き出してくることにして、裁判官とは対極的な位置にある立法家の立場を考えてみよう。裁判官が法律を指針にするように、立法家は規則や思慮《ポリシー》の準則を指針にする。とはいえ、立法家は、裁判官が法律で縛られているのと同じ形で、そうした準則に縛られていると考えたり、個別の事例について立法家がすべきことは、裁判官が法律から推断するのと同じように、そうした準則から推断することに尽きる、と考えたりするのは明らかに誤りである。立法家は、準則の理由や根拠を考慮に入れなければならない。裁判官は、法律の理由や根拠に立ち入ることはまったくない。例外があるとしても、それは法律制定者の文言が法律の意図に関して疑義を残しているときに、その意図が理由や根拠の観点から解明されるかもしれない場合に限られる。裁判官にとっては、規則は、いったん明らかに確実なものになれば最終的である。しかし、立法家などの実務家の場合は、規則の理由を考えずに規則に頼るだけであれば、たんなる衒学的な形式主義者で、公式に縛られた奴隷だというのが正しい判断である。ナポレオンに撃破された時代遅れのドイツの戦術家たちや、規則を破って患者を治すよりも規則どおりにして患者を死なせてしまう医者と同じである。

ところで、思慮の準則の理由にしても、他のどんな技術の規則の理由にしても、その理由は、対応する科学の定理に他ならない。

技術の規則と科学の理論との関係は、以下のように特徴づけてよいだろう。技術は、達成すべき目的を自らに提示し、その目的を明確なものにする。それから、その目的を科学に引き渡す。科学は、その目的を受け取ったら、それを検討すべき現象や結果として考察する。そして、その原因や条件を突き止めたら、それを、目的達成を可能とする環境要因の組み合わせに関する一般命題とともに、技術へと送り返す。そこで、技術はこうした環境要因の組み合わせを検討し、それが人間の能力の範囲内にあるかないかに応じて、当の目的の達成が可能か不可能かの判断を表明する。だから、技術が提供する前提は一つだけである。つまり、最初の大前提である。これが、ある特定の目的の達成を望ましいものと主張するのである。それに次いで、〔二つ目の前提として〕科学は技術に対して、一定の行為を遂行することで当の目的は達成されるだろうという、〔一連の帰納や演繹によって得られた〕命題を伝える。これら〔二つ〕の前提から、技術は、そのような行為を望ましいものと結論し、実行可能だということもわかったので、〔以上のことを示している〕命題を、規則や準則へと変換するのである。

第三節　技術の規則が担う本来の役割は何か

特に注意しておく必要のある点だが、科学が受け持つ作業の一部だけではなく、その作業全体が完了するまでは、理論や抽象的真理を〔実践のための〕準則へと変換するのは時期尚早である。科学の手順が途中までしか進んでいないと想定してみよう。特定の原因が望まれている結果をもたらすことは発見したが、存在してはいけない否定的条件、つまり、もし存在していると、望まれている結果を妨げてしまう環境要因については、まだ、まったく確認していなかったとしよう。科学理論がこのように不完全な状態であるのに、技術の規則を定立しようとすれば、われわれが行なう取り組みは早まったものになってしまう。対抗原因が作用しているのにそれを理論が見逃している場合には、技術の規則はつねに失敗する。〔規則が指示する〕手段を用いても、目的は達成されない。規則そのものから議論を進めても、規則そのものを議論しても、この行き詰まりから抜け出す助けにはならない。規則の定立の前に行なっておくべきだった科学の手順に立ち戻り、それを完結させること以外に、なすすべはない。結果を左右する条件でありながら手つかずに残っているものについて、探求を再開しなければならない。それらの条件の全部を確認してはじめて、〔結果をもたらす〕条件だと科学が告げている環境要因やそれらの組み合わせを含んだ法則は、結果に関する法則として完全なものとなり、それを手段として指示する規則へと変える準備が整ったことになるのである。

たしかに、都合上、理想に達した完璧な理論にはおよばないものから規則を作らざるをえないこともある。なぜなら、第一に、理論を理想に達した完璧なものにまで仕上げることは、めったにできないからである。また、第二に、対抗的に作用する偶発的要因を、頻発するものであれ、まれにしか生じないものであれ、すべて規則の中で網羅すると、生活のふつうの場面でふつうの能力の人が理解し記憶するには、あまりに煩雑になってしまうからである。技術の規則は、通常の事例で注意を払う必要のある諸条件を超えて、もっと多くのものを取り込もうとはしない。だから、つねに不完全である。手仕事の技術の場合であれば、必要とされる条件はさほど多くなく、規則が特に指定する条件も、たいていは、ふつうの人の目から見て平明であったり、実際の取り組みから即座に学べるものであったりするから、規則以外に何も知らない人が規則を行動基準にしても、無難に収まることが多い。しかし、生活上の込み入った問題の場合は、国家や社会の込み入った問題の場合はなおさらのことだが、規則の基礎となっている科学的法則につねに立ち戻らなければ、規則を頼りにすることはできない。規則の修正が必要となったり、規則の完全な例外になったりする実際の偶発的な事態がどんなものかを知るということは、どんな環境要因の組み合わせがそうした規則に干渉したり真っ向から対立したりする作用となっているのかを知ることである。これが把握できるようになるには、規則の理論的根拠に立ち戻ることが欠かせないのである。

このようなわけで、賢明な実務家は、行為の規則を暫定的なものとしてしか考えない。行為の規則は、最大多数の事例とか最も一般的に生じる事例とかに合わせて作られているので、当の事例における実際の環境要因を分析している時間や手段がない場合や、それらの要因を評価する自分の判断力に信頼が置けない場合でも、最も危険が少ない行為の仕方を示してくれるのである。ただし、このような行為の規則は、必要な科学的手順を(事情が許す場合に)きちんと踏んで目下の具体的事例の持つデータから作った規則に比べれば、それに取って代われるようなものではまったくない。ただし、そうだとしても、この一般的規則が非常に適切なヒントを与えてくれることもある。どんなヒントかと言うと、自分や他人によって確立されている一定の行動様式は、最も一般的な事例には十分に適合しているのだから、これが目下の事例に当てはまらないとすれば、その理由は、何らかの特異な環境要因に由来している可能性がある、というヒントである。

第四節　技術は演繹的なものではない

以上のことからして、個別具体的な事例に適合した行為の方針を、普遍的と考えられている実践準則から演繹しようとする人々の誤りは明らかである。規則がめざしている特定の目的の達成を確実にするためには、理論的な科学の原理に絶えず立ち戻る必要があるのに、彼らはそれを見落としているのである。だから、こうした硬直した原則を、所定の目的を達成するための普遍的規則としてだけでなく、行為全般の規則として定立してしまうことは、なおさら大きな誤りとなるはずである。なぜなら、この場合、考慮の外に置かれるのは、方向をそらすような何らかの原因によって、規則が指示している手段では、めざしている目的が達成できなくなる可能性にとどまらないからである。別の可能性、つまり、成功したとしても、そのこと自体が、より望ましいものであるかもしれない他の目的と衝突する可能性も、考慮の外に置かれてしまうのである。

これは、幾何学学派として私が特徴づけた政治理論家たちの多くがつねに陥っている誤りである。(4) 特にフランスでは、実践の規則からの推論がジャーナリズムや政治論説の得意技になっている。一般化の精神はフランスの知性にとって非常に名誉ある特徴だが、演繹の役割に関する誤解があるために、この精神は、他の国々ではきわめて不評である。フランスでは、政治に関する常套的な議論は、大雑把で過度に一般化された実践上の原則論であり、人々はそれを究極の前提とした上で、そこから個別の応用へと下降的に推論を行ない、これを論理的で一貫したものと称している。たとえば、フランスの人々が絶えず、これこれの方策を採用すべきだと論じるときの理由として いるのは、その方策が、統治形態の基礎となっている原理の帰結だから、ということである。正統な王朝の原理の帰結だからとか、人民主権の原理の帰結だから、といった理由なのである。

これに対しては、次のように反論してよいだろう。もし、これらの原理が本当に実践的な原理であるとすれば、理論的な根拠にもとづいていなければならない。(たとえば)人民主権が統治の正しい基礎でなければならないのは、そのような形で構成された統治体制には、結果として明確な利益をもたらす傾向があるから、といった具合にである。とはいえ、どんな統治体制でも、利益をともなう結果として可能なもののすべてをもたらすわけではなく、どの有益な結果にも、多かれ少なかれ不都合は付随している。また、それらの不都合に対処するにしても、不都合の原因自体となっているものの中から選んできた手段では、たいていは役に立たない。だとすれば、多くの場合、実践上の取り組みは、統治の一般原理と呼ばれているものから引き出してくるよりも、そうしないことの方が、はるかに推奨に値する、ということになるだろう。このような推定からすれば、正統な王朝の統治体制の下にある場合には、民衆全般を起源とする制度は、大いに望ましいものとなる。また、民主政の国では、仕組として、民衆の意向が持つ強い力を抑制する傾向のあるものが望ましいのである。フランスでは、政治哲学の議論の進め方に関する誤解がごくふつうになっている。この議論の進め方だと、実践のために引き出されてくる結論は次のようになりがちである。つまり、われわれが望ましいものとして選んでいる体制であれ、あるいはたまたま巡り合わせている体制であれ、そこに特徴的に存在している不備に関しては、それを軽減するどころか悪化させるために、われわれは最善を尽くすべきだ、といった結論である。

第五節　どの技術も、実践で用いるのに適した形に整えられた科学的真理で構成される

したがって、技術のあらゆる規則の根拠は、科学的真理の中に見出すべきである。一つの技術、あるいは、ひとまとまりになっている諸々の技術は、いろいろな規則から構成されているが、それらの規則には、規則を正当化する命題ばかりでなく、同じぐらい多くの科学的命題も付随している。どんなことを扱う技術であっても、完全な形の技術は、科学から選り抜いてきたものを含んでいる。選り抜かれているのは、その技術がもたらそうとめざしている結果に関して、それを左右している諸条件を示すのに必要な部分である。

また、技術は一般的に、科学上の諸々の真理から構成されるといっても、それらの

真理は、思索に最も好都合な形に配列されているのではなく、実践に最も好都合な形に配列されている。科学の場合は、宇宙の全体的な秩序をできる限り一望できるような形で、諸々の真理を分類し配列する。技術の場合は、同一の一般法則を受け容れなければならないとはいえ、そうした法則の詳細な結論をたどるのは、行為の規則を作るのにどうしても必要な限りにおいてである。また、技術は、実際の生活に必要な諸々の結果に欠かせない条件であれば、それぞれ別種の異質な条件であっても、その生成に関連する真理を、たがいに最もかけ離れている科学の分野からでさえ、寄せ集めてきてひとまとめにする。＊

＊〔原注〕ベイン教授や他の人々は、技術の目的のために得られた科学的真理を選んで集めたものを実践的科学と呼んで、技術という名称を実際の規則に限定している。(5)

したがって、科学は一つの原因から多様な結果へと進んでいくのに対して、技術は一つの結果から多くのさまざまな原因や条件へとさかのぼっていく。〔そのため、技術の場合には〕一連の中間的な科学的真理、つまり、科学のより一般性の高い原理から引き出され、さまざまな技術の一般原理あるいは第一原理の役割を果たすことになる中間原理が必要になる。こうした中間原理を作り出す科学的作業を、コント氏は、達成すべきものとして将来に持ち越された哲学的成果の一つと特徴づけている。(6) 実際に現実のものとなっている完璧な例としてコント氏が指摘していて、いっそう重要な問題においても見習うべき手本とみなせるのは、モンジュ氏が構想した記述的幾何学の記述に関する一般理論だけである。(7)

とはいえ、こうした中間原理の性質が、一般的にどんなものであるべきなのかを理解することは難しくない。まず、達成すべき目的について、つまり、もたらすべき結果について、可能な限り最も包括的なイメージを作り上げ、その結果を左右する一連の条件についても、同じぐらいに包括的な仕方で確定する。その後に残っている取り組みは、この一連の条件を実現するのに確保できる資源について幅広く調査することである。そして、この調査の結果ができるだけ少数の最も包括的な原則に盛り込まれれば、そうした原則は、利用可能な手段と目的との全般的な関係を表わすことになり、当の技術に関する一般的な科学的理論となる。そして、この理論から論理的に導かれる形をとって、実際上の方法が出てくるのである。

第六節　目的論（目的に関する理論）

どの技術にしても、その目的やめざすところを手段に結びつける推論は、科学の領域に帰属する。しかし、目的それ自体の確定はもっぱら技術に帰属し、技術に特有の領域になっている。どの技術も一つの第一原理や一般的な大前提を持っているが、それは科学からの借り物ではない。そうした原理や前提は、めざす目的を明示し、それが望ましい目的だと主張する。建築家の技術は、建物を造ることを望ましいと想定する。建築術は（美術の一分野としては）、美しかったり壮大だったりする建物の建築を望ましいと想定する。衛生の技術であれば健康の維持、医療の技術であれば病気の治療が、適切で望ましい目的と想定している。これらは科学の命題ではない。科学の命題が主張するのは事実に関する事柄である。つまり、存在〔あるものが存在している事実〕や共在〔複数のものが恒常的に並存している事実〕、継起や類似に関してである。今ここで論じている命題は、何かが存在しているということを主張しているのではなく、何かがあるべきだと命じたり推奨したりしている。これらだけで、一つの部類となっているわけである。

「しなければならない」・「すべきだ」といった言葉で表現される言明は、たいていの場合、「である」・「だろう」といった言葉で表現される言明とは異なっている。たしかにこれらの命題でも、広い意味で言えば、事実に関する事柄として何かを主張してはいる。そうした場合に明示的に述べられている事実は、話し手が推奨している行為が話し手の心の中で是認の感情を引き起こしている、ということである。しかし、これでは問題の根本的なところには行き着いていない。なぜなら、話し手による是認は、他の人々が是認すべきだという点での十分な理由にはならないからである。話し手本人にとっても、決定的な理由とすべきでない。実践を目的にする場合には、誰に対しても、その人の是認が正しいことを示すよう求めるべきなのである。そのためには、一般的な前提が必要になる。つまり、何が是認の適切な対象であり、また、何がそれらの対象に関する適切な順位なのかを確定する一般的前提である。実践の目的に関しては、その目的を是認することがどうして正しいのか、その理由の提示が誰に対しても要求されなければならない。そうした理由を示すためには、一般的な前提が必要になる。つまり、何が是認の適切な対象であり、また、何がそれらの対象に関する適切な順位なのかを確定する一般的前提である。

このような一般的前提が、そこから演繹的に引き出せるであろう主要な結論と一体化して、一つの理論を構成することになる(あるいはむしろ、構成することになるのかもしれない、と言った方がよいだろう)。これは、人生の技術《アート・オブ・ライフ》と呼ぶのにふさわしいものであり、道徳、思慮・実践的知恵《ポリシー》、美的追求という三つの分野からなっている。それぞれは、〔道徳であれば〕人間の営為における正しさ、〔思慮であれば〕便宜、〔美的追求であれば〕美や高貴さをめざしている。この技術(残念ながら、その主要部分は、これから作り出さなければならないのだが)に対して、他のあらゆる技術は従属的な地位にある。なぜなら、こうした人生の技術の諸原理によって、他の技術の個々の目的が価値のある望ましいものかどうか、また、各技術が望ましい物事の尺度の中で占める位置がどんなものなのかを決定すべきだからである。

以上見たように、技術はどれも、科学によって解明された自然法則と、目的論あるいは目的に関する理論*と呼ばれてきた一般原理とが合流して一つになったものである。この目的論は、ドイツの形而上学者たちの言葉を借りて、実践理性の原理と呼んでもかまわないだろう。

＊〔原注〕目的論（Teleology）という言葉は、一部の論者によって、宇宙の諸現象を究極原因から説明する企ての名称としても使われているが、この使い方には問題があって適切とは言えない。

科学的な観察や推論を行なう人は、それだけでは、実践に関する助言者ではない。この人の役割は、一定の原因から一定の結果が生じることや、一定の目的を達成するためには一定の手段が最も有効であると示すことだけである。目的それ自体が追求すべきものなのかどうかを決定し、追求すべきだとしたら、どんな場合にどの程度、追求すべきなのかを決定することは、科学研究者としてのこの人の仕事ではまったくない。科学だけでは、そういう決定をする資格は、けっして得られない。

純然たる自然科学の場合であれば、本業をはずれたこの仕事を引き受けようという誘惑はさほどない。しかし、人間本性や社会を扱う人々は、つねにこの仕事をさせろと要求する。彼らはいつでも、何であるかばかりでなく、何であるべきかについても発言しようとする。そういう仕事をする資格を得るには、目的論の理論全体が必要不可欠である。ところが、人間本性や社会という主題に関する科学的理論は、人間本性や社会をたんに自然の秩序の一部とみなしているにすぎないから、どれほど完全なものであろうと、〔目的論の〕代用にはまったくならない。この点で、従属的位置にあるさまざまな技術からの類推は、誤解を招くことになる。このような技術では、ほとんどの場合、目的を正当化する目立った必要がない。なぜなら、たいていは、誰もその目的を否定したりしないし、目的論の一般原理が呼び出されるのは、その目的と何か他の目的とのあいだで、どちらを優先させるかという問題が生じたときだけだからである。しかし、道徳や政治を扱う論者の場合は、議論を一歩進めるごとに、そうした一般原理がつねに必要になる。精神や社会の諸々の現象のあいだにおける継起や共在に関する法則の説明とか、原因と結果としてのそれら相互の関係についての説明としては、最も綿密でよくこなれている説明だったとしよう。そういう説明であっても、(8)人生や社会の技術にとっては、技術の目的が、勝手に独り歩きしている知性の漠然とした示唆に委ねられたり、分析や吟味なしに自明視されたりしているのであれば、役に立たないだろう。(9)

第七節　目的論の究極基準あるいは第一原理の必要性

以上に述べたようなわけで、科学に第一哲学〔事物の存在の根源を問う形而上学〕があって当然なのと同じように、技術にも技術特有の第一哲学がある。知識についての第一原理が存在するばかりではなく、行為についても第一原理が存在する。目的や欲求の対象について、絶対的にも相対的にも、善し悪しを決定する何らかの基準が存在していなければならない。その基準がどんなものであれ、それは一つだけしかありえない。なぜなら、もし、行為に関する究極の基準がいくつもあったら、同一の行為が、基準の一つによって是認されながら、別の基準からは非難されるということがありえるからである。そうなると、これらの基準のあいだに立って判断を下すものとして、さらに一般性のある基準が必要になるだろう。

そのため、道徳哲学者たちは、ほとんど誰もが、行為のあらゆる規則や賞賛と批判に関する一切の判断の根拠となる原理の必要を感じるばかりでなく、何らかの一つの原理を根拠とする必要も感じてきたのである。行為の他のすべての規則を矛盾なく従わせ、また、それらの規則が最終的結論を引き出す際の大元になってくれるような、何らかの規則あるいは基準が必要だ、ということである。そのような普遍的基準を想定せずに済ませた論者たちもいたが、そうできたのは、彼らが、われわれの本性にそなわった道徳感覚や道徳本能を想定していたからにすぎない。つまり、そうしたものによって、われわれが遵守しなければならないのはどんな行為原則であるかということばかりでなく、それらの行為原則がたがいにどのような上下の序列関係にあるのかが知らされるのだ、と想定していたのである。

　道徳の基礎に関する理論は、本書〔『論理学体系』〕のようなところで詳細に論じるのには的はずれなテーマであるし、また、付論の形で論じてもまったく役に立たないだろう。だから今は、直覚主義的な〔つまり道徳感覚を想定する〕道徳原理は、仮に正しかったとしても、本来的な意味で道徳と言える行為の分野〔他人の死活的利益に関わる行為の領域、つまり、正義が問題となる分野〕をカバーするだけだろう、と述べることにとどめておく。生活の中での他の行為領域に関しても、何らかの一般的な原理や基準を探求する必要が残されている、ということである、そうした原理が正しく選ばれるならば、それは道徳の究極原理としてばかりでなく、思慮・実践的知恵とか美的追求《テイスト》の究極原理としても役立つだろう、と私は考えている。

ここでは、私の見解を正当化することにも、また、私の見解に可能な類いの正当化〔第一原理に可能な証明のあり方〕を明確にすることにも立ち入らずに、次のような私の確信を明言しておくだけにとどめておく。つまり、私の確信するところでは、実践に関するあらゆる規則が従う一般原理であるとともに、それらの規則の試金石ともなる原理は、人類の幸福、いやむしろ、感覚を持つあらゆる生き物の幸福への貢献という原理である。言いかえれば、幸福の増進が目的論の究極原理だ、ということである。*

*〔原注〕この原理についての明確な議論と論証については、『功利主義』と題した小著を参照されたい。

幸福の増進が、それ自体、あらゆる行為の目的であるべきだとか、行為のあらゆる規則の目的であるべきだ、と主張するつもりは私にはない。それはあらゆる目的を正当化するものであり、あらゆる目的を統御するものではある。しかし、それ自体が唯一の目的というわけではない。個別の事例において幸福を犠牲にし、快楽よりも苦痛をいっそうもたらすような有徳な行為が数多くあるし、そうした有徳な行為の仕方というものもある（ただし、こういう犠牲の事例は、しばしば考えられるほど頻繁にあるわけではない)。

しかし、本当に有徳な行為なのだという主張を正当化する理由は、場合によっては幸福にこだわらないような感情が人々の中で陶冶されれば、世の中全体としては、いっそう多くの幸福が存在することになるから、ということに他ならない。本当にその通りだと、私は心底から認めているのである。意図と行為の理想的な高貴さを陶冶することは、個々の人間にとって目的であるべきであって、自分の幸福や他人(その理想に含まれている人々は別として)の幸福は、この目的と衝突する場合には、いつでもこの目的に道を譲るべきである。しかし、性格のそうした高貴さとはいったい何なのかという問題自体の決着は、幸福を基準として行なわれるべきだと私は考えるのである。性格それ自体が個人にとって最高の目的であるべきなのは、性格のこうした理想的な高貴さが、あるいはどんな程度にせよそれに近いものが、他のあらゆるものよりも、人間生活を幸福にするからに他ならない。この場合の幸福とは、快楽であるとか、苦痛を免れているといった、どちらかと言えば低レベルのものだけでなく、もっと高尚な意味での幸福でもある。つまり、今日ほぼ至るところで見られるような、人生を幼稚でたわいのないものにする幸福ではなくて、高度に発展した能力をそなえた人間たちが手に入れたいと望めるような幸福である。

第八節　結　語

科学的探求の一般的な論理を道徳や社会の学問分野に適用することについて概観してきたが、あと一言述べることで終わりとしなければならない。

私が示してきた方法上の諸原則は、きわめて一般的である(ただし、この場合の一般性は、曖昧さと同じ意味ではないと私は確信している)。それにもかかわらず、私としては、あらゆる学問の中で最も重要性を持っている作業をさらに満足できるものにしていく任務が委ねられていく人々にとって、以上の論究が役に立つことを願っている。非常に複雑な問題に関して真理を獲得する手段について、誤った考え方を取り除くという点でも、また、正しい考え方を明確に示すという点でも、役に立つことを期待している。もし、この期待が実現したら、ヨーロッパの思想家たちのこれからの二世代ないし三世代がおそらくは達成するであろう偉大な知的業績に向けた前進を、多少なりとも後押ししたということになるだろう。

訳　注

第一章

(1)　プラトン『プロタゴラス』(藤沢令夫訳、岩波文庫、一九八八年)、一三〇―一五四頁。

(2)　ミルはこの点について『論理学体系』(一八四三年刊)第二巻第六章で詳しく論じている。ミルによれば、演繹的性質を持った科学の典型である代数学は、経験に左右されない(ア・プリオリな)必然的真理を表わしているように思われがちだが、代数学の第一の前提は、深く探求してみると、一般に教えられている代数学の「基本」とは異なり、他のすべての科学と同様に、帰納によって経験的に得られている。代数学において「必然的」と思われている真理は、ア・プリオリな直観的真理ではない。「必然性」は幻想でしかない。代数学の真理の性質は、実際には、他のすべての科学と場合について言える「確実性」と同じものであり、それ以上の神秘性があるわけではない(ミル『論理学体系II』大関将一訳、春秋社、一九五〇年、一七二―二二二頁)。

(3)　科学と実践的技術の違いについては、本訳書の附録・二として巻末に収めた『論理学体系』第六巻第一二章(道徳と思慮を含む実践あるいは技術の論理学について)で詳しく論じられている。それによれば、科学は、事実(とくに因果関係)に関する知識であるのに対して、実践的技術ないし技術(art)は、望ましい目的を宣言するとともに、また、その目的を実現するのに必要な事実に関する知識を科学から受け取り、実践に好都合な配列にアレンジして提示する。ミルにとって、科学と技術とのこうした区別は、規範的な原理が実現可能性に配慮しない空論に陥ることを防ぐためにも、また、事実認識を(たとえば歴史の必然だという言い方で)、望ましい目的を考えずに実践的命題に無自覚に転化させるのを防ぐためにも、非常に重要な区別だった。

(4) この部分の記述は、ミル自身の考えを示しているのではないことに注意が必要である。ミルがここで行なっているのは、次のパラグラフで道徳的判断は生得的な能力によって個々の事例ごとに行なわれるとする立場を批判するための前置きとして、そうした生得論につながりやすい見方を紹介することである。ミル自身はもっと厳密な見方が必要だと考えていて、後に示されるように、個々の具体的行為に先行するのは個別的判断ではなく、単一の最高原理(効用の原理)によって根拠づけられる一般的規則でなければならない。

(5) トロント大学版『ミル著作集』では、出典として、Kant, *Grundlegung zur Metaphysik der Sitten*, Riga: Hartknoch 1797(p. 52)を示している。「人倫の形而上学の基礎づけ」(深作守文訳、『カント全集・第七巻』所収、理想社、一九八四年、三六頁)。

(6) 誰も歓迎しないのは、各人の幸福を損ねる結果だからであり、つまり、効用の基準から見て望ましくないという意味になる、ということである。

第二章

(1) たとえば、実用的だが無味乾燥でつまらないとか、実用性はないが見た目はよい、といった形で、効用と快楽を対立させる見方である。

(2) 出典は以下の通り。Thomas Love Peacock, "Moore's Epicurean," *Westminster Review*, vol. 8(October, 1827), p. 375. ピーコック(一七八五—一八六六年)は、東インド会社に所属しており、ミルや父ジェイムズの同僚だった。引用された文章は、ピーコックが卑俗な功利主義批判を揶揄する文脈で登場しているものである。

(3) ミルは一八二〇年代前半に、仲間の青年たちとの研究会の名称として、「功利主義者協会」という表記を使ったことがあった(『ミル自伝』朱牟田夏雄訳、岩波文庫、一九六〇年、八八頁、一〇八頁)。なお、『オックスフォード英語辞典』は、一八二一年のゴールトの用例を示すとともに、それ以前にも、utilitarian という言葉が「功利主義者」(一七八一年)という意味で、また、「功利主義的」(一八〇二年)という意味で、ベンサムの書簡で使われていたことを指摘している。

(4) 「人間生活の理論」とは、第一原理である効用の原理を意味している。これが「道徳理論の基礎」であるという表現が含意しているのは、人々のあいだの重大な利害関係を律する道徳原理の他にも、人間生活のさまざまな領域での望ましいあり方を示す原理がいろいろとあり、効用の原理はそれらの基礎でもある、ということである。このように、効用の原理は、ここで言及されている狭義の道徳原理の上位にあって同格でないことに注意が必要である。この点に関するミル自身の説明として、本訳書の附録・二を参照。

(5)「道徳的義務の感情」とは、ミルの語法では、良心と同じ意味であり、本人の選択が他人の非常に重要な利益に影響を与える場合に、この感情がかかわってくる。ミルによれば、各人の生命や財産などの死活的な利益は、各人の権利として法的刑罰や世論によって強く保護される必要があり、また、各人の良心もその方向で各人の選択を導くよう(他人の権利を尊重せずに自己中心的な快楽を追求しないよう)育成されなければならない(このテーマに関しては、本書第三章で詳しく論じられる)。このような場合には、本人の経験や選好とは無関係に、正義にかかわる道徳の問題として一定の選択が一律に求められるので、以下の議論の対象外になるわけである。

(6) ミルは『自由論』で、「他者支配を好むこと」や、「他人を貶めて面白がる高慢さ」を道徳的な悪だと指摘している(『自由論』関口正司訳、岩波文庫、二〇二〇年、一七五頁)。最悪の意味での誇りとは、こうした悪徳と結びついた気分を指すものと考えられる。最善の意味での誇りは、おそらく、利他的な行為をしているときの高揚した気分を指すのであろう。

(7) 「それぞれの道徳的な性質や帰結は別として」という但し書きが付いているのは、狭い意味での道徳は主に正義にかかわる(他人の死活的に重要な権利にかかわる)ものだ、という考えにもとづいている。行為の動機に行為者の快楽や苦痛の捉え方(品性)が反映されるのはたしかだとしても、当の行為が他人に危害を与える場合は、その法的社会的責任それ自体は、行為者の品性とは別個に問われなければならない、ということである(本章四九―五二頁参照)。ただし、もちろんミルは、行為者の動機の質を問うことが社会的公共的に無意味だと考えているわけではない。その面での人々の向上を、間接的に、あるいは非強制的に促進する必要のあることは、ミルが大いに強調するところだった。

(8) この指摘には、補足的説明が必要だろう。「人間の行為を指示するルールとして見た場合の効用や幸福の概念」という場合の「ルール」は、狭義の道徳規範(社会や他人の死活的に重要な利益に対して何をすべきでないかを主軸としたルール)に限定されずに、個々人の高貴さや賢明な生き方に関するルールも含めた全般的なルールを意味している(これについては、本訳書の附録・二に加えた科学とアートに関する議論で詳しく論じられているので、そこを参照されたい)。こうした広義の行為規範の場合は、個人がめざすべき価値の問題として、快楽や幸福のレベルの高低の議論が欠かせないことになる。他方で、「とはいえ、これは、効用という基準を受け容れるのに必要不可欠な条件、ということではまったくない」という指摘は、「効用という基準」を、社会全般にとっての有益性の観点から見た場合に限っての指摘である。つまり、この場合、高貴な人の存在の持つ社会的価値が問題なのであって、高貴な人が自分を幸福と感じているかどうかまで示す必要がない、ということである。ただし、示す必要がないということであって、本人が幸福と感じる必要はないという意味ではない。その点については、次の訳注(9)を参照。

(9) ここでの議論は、個人が犠牲になっても、社会全般の幸福を増進するのであれば望ましい、という主張に受け取られかねないので、注意が必要である。功利主義の究極基準である社会全般の幸福は、あくまでも、各人の幸福を基本単位にしてそれを総計したものだから、自分の幸福を犠牲にするよう強制されたと個人が感じてしまうのであれば、そのような陶冶の要求は、社会全般の幸福を減少させることになる。だから、社会は、それぞれの個人が高貴さを追求する機会を確保すべきではあるが、本人の意向に反してまで高貴であるよう強制すべきではない。また、高貴さは強制によって促進できるものでもない。しかも、ミルの考えでは、ここで明言しているように、高貴な人は高貴であることを不幸としか感じないというのは、そもそもが非現実な見方である。このように、高貴さが行為者本人に対して高次元の幸福を与えるという論点は、ミルが念頭に置いているような、個人と社会の双方の価値判断を広くカバーする功利主義の場合には、どうしても欠かせないものなのである。

(10) 訳注(9)で示したように、功利主義が根本の基準としている最大幸福は、人間の行為全般の究極目的であるから、その一部分を対象とする狭義の道徳の場合も、究極の目的・基準は、最大幸福ということになる。

(11) 動物愛護を求め無用な動物虐待に反対する姿勢は、ミルがベンサムから引き継いだものの一つである。

(12) Thomas Carlyle, *Sartor Resartus*, 2nd ed., Boston, Munroe, 1837, p. 197. トマス・カーライル『衣服哲学』(石田憲次訳、岩波文庫、一九九四年、二六三頁)。トマス・カーライル(一七九五―一八八一年)は、スコットランド出身の文人・思想家。ミルとカーライルは凡庸化・画一化した時代に対する批判的な見方という点で共鳴し交友を結ぶようになったが、その後、ミルはカーライルの権威主義的姿勢に反発するようになり、彼らの交流は途絶することになった。

(13) トマス・カーライル「ノヴァーリス」(Thomas Carlyle. "Novalis," *Critical and Miscellaneous Essays*, 5 vols., London, Fraser, 1840, Vol. II, pp. 286, 288)。ノヴァーリス(一七七二―一八〇一年)は、ドイツ・ロマン派の詩人・小説家。小説『青い花』の著者として知られている。

(14) 社会制度の不備などのために、幸福をあきらめて行為せざるをえない人が大勢いる、ということを意味している。

（15）ミルがストア派的なものとして示している以上のような幸福観は、『自伝』で描かれている父ジェイムズの幸福観と重なるところが少なくない（『ミル自伝』、五〇―五一頁）。

（16）ミルが「先験論者」と呼んでいるのは、効用という経験的事実とは無関係に、道徳感情や実践理性などの形で、道徳的な判断能力が生まれつき人間にそなわっているとする論者たちである。

（17）「自分がしてもらいたいように自分もすること」という文言は新約聖書の中のマタイによる福音書、七・一二、「自分を愛するように隣人を愛すること」という文言は同書、二二・三九に見られる。

（18）この原注は一八六七年版（第三版）で追加された。ジョン・ルーウェリン・デイヴィス（一八二六―一九一六年）は、聖職者・著述家・登山家など多彩な経歴を持つとともに、女性の高等教育を提唱した。ミルがここで引用している文章の出典は不明。

（19）ここで言及されている「自然宗教」とは、自然（宇宙）の中にある合理的な秩序を理性によって把握し、その創造者として神を信じる考え方を指している。これとは対照的に、「啓示宗教」では、創造者が人格的存在であることが強調され、そのような神が信仰の対象となる。この場合、神の教えは超自然的な啓示を通じて、つまり、人間の通常の理性を超えた形で伝えられるものと捉えられている。

（20）たとえば、正義という原理をそもそも認めている人にとっては、効用に第一原理としての意義があることをいったん認めれば、正義が効用の二次的原理であることも、当然ながら容易に理解できるだろう、ということである。

第三章

（1）「サンクション sanction」は、ふつう「制裁」とか「強制力」と訳されるが、道徳理論の文脈では、道徳的行為を導くさまざまな動機づけ全般を意味している。そこで、本邦訳では、もっぱら物理的な力を連想させがちな訳語を採用せず、あえて「サンクション」と表記することにした。なお、本章のタイトル“Of the Ultimate Sanction of the Principle of Utility”（効用の原理の究極的サンクションについて）は、本章の主題を読者に伝わりやすくするという見地から、「道徳的行為を導く動機づけについて」とした。

（2）興味深い点であるが、これとまったく同じ内容の記述が、『ミル自伝』では、ミル自身の「精神の危機」をめぐる自己分析の文脈で登場している。「私の師たち〔ベンサムや父ジェイムズ〕は、こういう有益な観念連合を生み出したり維持したりする手段に熱心だったといっても、それは単に表面だけのことだったように思えてきた。昔ながらの方便、ほめるとかくさすとか、賞とか罰とかだけに全面的にたよっていたように思えた。なるほどこういう手段を早くからはじめて根気よくつづければ、苦痛なり快楽なりの強い連想（といっても特に苦痛のほうだが）が作られて、それが、一生涯量も減ぜずにつづくこともできる欲求や嫌悪を生むもとにもなり得ることは私にも肯定できた。しかしこのようにして作られる連想には必らずどこか人工的な不安定な点があるにちがいない。このようにしてむりにある事と連想される苦痛や快楽は、何ら自然の結びつきによってそれとつながっているのではない。したがってこういう連想が永つづきするためには、分析の力が習慣的に動き出すようにならないうちに、その結びつきがほとんど切っても切れぬまでに強い根深いものになってしまっていることが必要不可欠である、と私は考えた」(『ミル自伝』、一二三頁)。

(3) オーギュスト・コント(一七九八—一八五七年)は、フランスの社会学者・哲学者。『実証政治学体系』全四巻は、一八五一年から一八五四年にかけて公刊されている。ミルが二大著作としているうちのもう一つは、『実証哲学講義』全六巻(一八三〇年から一八四二年までに逐次公刊)である。一八三〇年代後半に、社会の歴史的変化の法則を捉える科学の必要性を感じるようになっていたミルは、その関心から『実証哲学講義』を高く評価し、コントとの書簡のやりとりを始めていた。しかし、コントへの金銭的援助をめぐるトラブルに加えて、コントの女性蔑視や権威主義的態度が『実証政治学体系』に反映されていることが原因となって、ミルはコントとの知的交流を断ち切ることになった。ミルは、本書『功利主義』の公刊からしばらく後の一八六五年に、コントに対する批判をまとめた著書『コントと実証主義』(村井久二訳、木鐸社、一九七八年)を刊行している。

第四章

(1) 本書第一章、一八—二〇頁で言及されている。なお、本章のタイトルは、原文では"Of What Sort of Proof the Principle of Utility Is Susceptible"である。

(2) この議論は、「合成の誤謬」(部分において真理であることは全体においても真理だと誤解すること)だと指摘されることがある。しかし、本当にそうした誤謬なのかどうかの判断は、個人のレベルの幸福が利己的なものに限られるのか、あるいは、他の人々や社会全般の幸福を自分の幸福と同一視する傾向や可能性があるのかに左右されるだろう。

(3) ただし、功利主義の基準が徳への愛を育てるように「指示し要求する」ということは、外的サンクション(法律や世論)によって個人を強制することを一律に認めてよい、という意味はない。『自由論』で力説されているように、他人に対して危害を加えることを自制させる良心(道徳的義務の感情)の育成は社会が強力に推進すべきであるが、それ以外の場合は、非強制的な推奨を通じて推進することに限るべきだと、ミルは考えている。

(4) 行為全般の評価基準が幸福であるなら、行為全般の中で特に道徳規範の対象となるような行為の場合も、その評価基準は幸福になるはずだ、ということである。

(5) 『論理学体系』第六巻第二章(自由と必然について)第四節(動機はつねに快楽や苦痛の予想だとは限らない)を指している。この部分は本訳書の附録・一に収めている(一七九—

一八一頁)。

(6) これは、アリストテレスが徳のあり方と考えていたものであり、彼はそれを魂の状態を意味するヘクシス(ラテン語ではハビトゥスとなる)と見ていた。西欧思想における伝統的な徳の見方となったものである。アリストテレス『ニコマコス倫理学(上)』第二巻第三章(高田三郎訳、岩波文庫、一九七一年、六一―六四頁)。

第五章

(1) 「極端な場合」に当たる例としては、正義の原則よりも個人の生命や社会全体の存続を優先せざるをえない非常事態などが考えられるだろう。

(2) 正義という言葉の語源をめぐるここでの記述は、本訳書の底本とした最終版ではかなり長く詳しいが、一八六一年版(雑誌掲載版)と一八六三年版(初版)ではもっと簡潔なものであった。以下に訳出されている部分の大半は、一八六四年版(第二版)で増補されたものである。

(3) 正しさ(正義)と強制力をそなえた法とのつながりを示唆する点で、正しいという意味を元々から持っていた言葉と実定法を意味する言葉とのあいだに密接な関係があることは、どちらからどちらが派生していたかという問題にかかわりなく、重要だということである。

(4) これに続けて、次の文章が一八六一年版(雑誌掲載版)と一八六三年版(初版)にあったが、その後の版では削除されている。「言葉は最初の意味をずっと持ち続けるにちがいないという考えは、ホーン・トゥックが陥った誤りだとされていて、これは多少当たっているようにも思えるのだが、私は同じ誤りを犯しているわけではない。語源は、当の観念が現時点で何を意味しているかに関しては、証拠として取るに足らないものでしかない。とはいえ、それがどのように生じてきたかについては最高度の証拠である」。ホーン・トゥック（一七三六―一八一二年）は、イギリスの言語学者で、急進的政治運動にもかかわった。語源の知見が言葉の意味を解明する際に重要であることを力説していた。

（5）アレクサンダー・ベイン（一八一八―一九〇三年）は、イギリスの心理学者で心理学の学術専門誌『マインド』の創刊者。ミルやその父ジェイムズの評伝も書いている。「二番目」の著作とは以下のものである。Alexander Bain, *The Emotions and the Will*, London: Parker, 1859.

（6）「完全義務」と「不完全義務」という分類は、カント『人倫の形而上学の基礎づけ』（一七八五年刊）の第二章で提示されていることがよく知られている。「表現の選択に難がある」とミルが付言しているのは、おそらく、義務それ自体が完全か不完全かの分類だと誤解されるおそれがあるためである。

（7）カントのこの文章については、本訳書・第一章の一八頁、および、そこに付した訳注（5）を参照。

(8) この主張は、ミル自身が『自由論』の中で、「自由の原理」(後世の研究者たちによって「危害原理」と呼ばれることも多い)として論じているものと、究極の基準が効用の原理であると明言していない点を除けば、同じように見える。

(9) ロバート・オウエン(一七七一—一八五八年)は、労働組合運動や協同組合の創設などに取り組んだ社会主義者。徹底した環境決定論を主張した。ただし、この主張は、抽象的な心理学の主張ではなく、労働者の貧困や無知や犯罪の原因を資本主義経済がもたらした劣悪な環境に求め、そうした資本主義の改良をめざすという、実践的な方向性との関連で打ち出されたものだった。

(10) 意志の自由に関するミル自身の見解は、『論理学体系』第六巻第二章(自由と必然について)で展開されている。この章を収めた本訳書の附録・一を参照。

(11) ローマ法の法典『学説彙纂《いさん》』(五三三年公布)の中にある法諺《ほうげん》(法律上の格言)。

(12) 正義の道徳規則は、このように他人の自由への不当な干渉を禁じている点で、人々の自由の範囲を他人に危害を与えない行為の範囲だとする原則(『自由論』で「自由の原理」として主張されているもの)と、表裏の関係にあると言えるだろう。

(13) ミルが用いる「社会的感情」という語は、ここで見られるように、社交性とか人当たりの良さにつながるような感情という意味ではなく、他人の権利に対する侵害を制止する道徳的感情(良心や人々全般への強い共感)を意味している。したがってまた、「反社会的感情」という語をミルが用いる場合も、愛想が悪いといったレベルの意味ではなく、他人への危害を誘発する感情、たとえば、妬みや怨恨といった感情を意味している。

(14) これはベンサムの言葉としてよく知られているが、出典は判然としない。トロント大学版『ミル著作集』の編者注では、ベンサムの『議会改革問答』を典拠として示しているが、訳者が確認したところでは、指示されている箇所に該当する文章は見出せなかった。他にも調べてみたが、その限りでは、典拠を確認できていない。

(15) ハーバート・スペンサー（一八二〇—一九〇三年）は、イギリスの社会学者。自由主義の立場をとるとともに、社会進化論を説いたことで知られている。ミルとの交流もあった。なお、ここでミルが言及しているのは、次の箇所である。Herbert Spencer, *Social Statics*, London: Chapman, 1851, p. 94.『社会静学』第五章第三節「第一原理の二次的導出」（『ハーバート・スペンサー　コレクション』森村進編訳、ちくま学芸文庫、二〇一七年、所収）、一二四—一二五頁。

(16) この第一パラグラフは一八六一年版（雑誌掲載版）からあったものだが、次の第二パラグラフは一八六三年版（初版）で追加されたものである。

(17) トロント大学『ミル著作集』の編者注では、この私信を収めたものとして次の文献を示している。Herbert Spencer. *Autobiography*, London: Williams and Norgate, 1904, Vol. II, pp. 87–90. なお、訳者が確認したアメリカ版では以下の通りである。Herbert Spencer.

Autobiography, Vol. II, New York: D. Appleton and Company, 1904, pp. 100–102.

(18) Herbert Spencer, *Social Statics*, pp. 21–23. 本章の訳注(15)で示した邦訳は抄訳のため、この部分は割愛されている。

附録・一

(1) 特定の原因によって特定の結果がつねに生じる場合、その原因と結果とのあいだには、一つの法則が存在していることになる。これが因果性の法則である。この法則が得られれば、特定の原因から生じる結果の予測が可能になるし、また、特定の結果をもたらした原因も推定できるようになる。こうした法則を探究する姿勢が、近代の科学や技術の基礎にあったと言えるだろう。

(2) ペラギウス(三五四―四二〇年頃)は、イギリス出身の修道士・神学者。人間の来世での救済に関して、救われようと努める人間の自由意志が果たす役割を強調した。この主張は神の恩寵を軽んじる異端説として、教父アウグスティヌスらによる厳しい批判を受けた。

(3) この原注は、一八五一年版(第三版)以降に追加されたものである。なお、本訳書では、特に男性に意味が限定されている場合(それに、この原注が付された文章)を除いて、he・him・his の訳語として、性別を指示しない言葉(たとえば「その人」)を用いている。

(4) 「不変かつ確定的で無条件的な継起」とは、先行する事象に一定の事象がつねに後続することを指している。因果関係が普遍的で斉一であることは、さまざまな具体的場面で因果性の法則を探求する際の大前提である。この大前提は「継起の斉一性」と呼ばれている。

（5）　このような挫折感や無力感を自分自身が青年時代に経験したことを、ミルは『自伝』の中で切々と語っている。「たとえば、比較的新らしい例の意気消沈の再発のときは、いわゆる「哲学的必然性」という考え方が夢魔のごとく私に重くのしかかっていた。私はまるで自分が、前からあった環境に支配されて手も足も出ない奴隷であることを科学的に証明でもされたような、自分の性格もほかの人たちの性格も、われわれの手の及ばない何かの手で作られて全然われわれの力ではどうにもならないかのような気がした。性格が環境によって作られるという説を信じないことができたらどんなにか気が楽になるだろうにと、私は何度もひとりで考えたものである。……必然性という言葉を、因果の理を人間の行動に適用するばあいに用いるからそこに誤解を生みやすい連想が随伴して来るので、そういう連想が、私が経験したような、気持をめいらせたり麻痺させたりする力をうみ出すもとになるのだ、と私は気がついた」（『ミル自伝』、一五〇—一五一頁）。

（6）　デイヴィッド・ヒューム（一七一一—一七七六年）は、スコットランド出身の哲学者。ヒュームは、一七三九年刊の『人間本性論』の第一篇（第一巻『知性について』木曾好能訳、法政大学出版局、一九九五年）の中で、抽象的な観念としての因果性・因果律について、批判的な考察を行なった。それによれば、因果性という抽象観念は、個々の具体的な経験を繰り返す中で習慣的に形成されたものである。この観念自体が最初から経験という裏付けを持っていたわけではない。ヒュームは、因果性の観念が人間の知的探究において持つ意義を否定したのではないが、このような批判的考察を通じて、抽象的観念の独り歩きがもたらす不合理に警告を発したのだった。

(7) トマス・ブラウン(一七七八―一八二〇年)は、スコットランドの哲学者。著書として以下のものがある。Thomas Brown, *Inquiry into the relation of cause and effect*, Andover: M. Newman, 1822. ブラウンは、ヒュームの見解を踏襲するとともに、因果性の観念について連想心理学による分析を行なった。

(8) これが青年期のミル自身の経験だったことは、本章の訳注(5)で引用した『自伝』の一節を参照。

(9) オウエン『新社会観』(一八一三年刊)には、次のような指摘がある。「人間の性格は、ただ一つの例外もなく、常に彼のために〔for himself〕形成されるものである……」(楊井克巳訳、岩波文庫、一九五四年、七五―七六頁)。「人間の意志は彼の意見を支配する力を少しももつものでなく……」(八八頁)。したがって、ここで言われている「学派」も、オウエン派を指していると考えてよいだろう。ちなみに、ミルは青年時代に、この派の討論会に参加した経験を持っている(『ミル自伝』、一一一―一一二頁)。

（10）「道徳的自由の感情(the feeling of moral freedom)」に言及する際に、自分の性格を変えることができるということでミルがもっぱら念頭に置いているのは、低レベルの快楽に左右されずに、有徳な生き方から得られる高次の幸福をめざす性格へと自己陶冶することである。その意味で、レベルの低い快楽の代わりに高い快楽を選択することに導く「尊厳の感覚(a sense of dignity)」(『功利主義』第二章、本書三〇頁)と表裏一体をなしている。また、社会の中での個人の自由とも密接に関連していることは、女性の自由を論じた議論からうかがうことができる。その中でミルは、自分自身の能力を自由な方向で自由に働かせることを幸福だと感じさせる源泉の一つとして、「人格の尊厳にかんする感覚(the sentiment of personal dignity)」に言及している(ミル『女性の解放』大内兵衛・大内節子訳、岩波文庫、一九八九年、一八七頁)。この「尊厳の感覚」は、さらに、すべての成人に自己の見解表明の機会を与える選挙資格のあり方とも関連している(ミル『代議制統治論』関口正司訳、岩波書店、二〇一九年、一五五―一五六頁)。なお、道徳的自由の感情は、良心を意味する道徳的義務の感情とは別のものであり、混同しないよう注意が必要である。内的サンクションとして強い心理的拘束力を持つ後者は、狭い意味での道徳以外の領域に間違って適用されると、自由への願望を抑圧し、良心の専制とでも言うべきものになる危険を持っている。

（11）ミルは『自伝』の中で、青年時代の後半にこの結論にたどり着いたときの心境を、次のように回想している。「こうして、はじめて正しく理解して見ると、もうこの説〔性格は環境によって形成されるという説〕も全然私の元気を沮喪させることもなく、気持も救われてホッとしたのはもちろんとして、思想の改革者たらんとこころざすものにとって実に辛い重荷であるところの、ある説を正しいと考えつつしかもそれと反対の説を道徳的には有益と考えねばならぬという重荷にも、もう悩まずにすむことになった。私をこういうディレンマから救ってくれた一連の思想は、後になって見ると私以外の人たちにも似たような役に立ちそうに思えてきた。それが現在私の論理学体系の最終篇の中で、「自由と必然性」という章になっているわけである」(『ミル自伝』、一五一―一五二頁)。

(12) Thomas Carlyle. "Novalis," *Critical and Miscellaneous Essays*, 5 vols. London: Fraser, 1840, Vol. II, p. 242.

(13) サー・ウィリアム・ハミルトン(一七八八―一八五六年)は、イギリスの哲学者。一八世紀の中頃に始まった「スコットランド常識学派」と呼ばれる学派の最後の一人。人間に本来そなわっている道徳感情を道徳の基礎とみなす立場を受け継いでいたために、ミルによる批判の対象に取り上げられた。

附録・二

(1) ミルが人間事象や社会事象を探求する科学として『論理学体系』の中で取り上げてい

たのは、心理学、性格形成学、経済学、ポリティカル・エソロジー、社会静学、社会動学である。

(2)「昔から使われていた意味」ということでミルが念頭に置いているのは、古代ギリシャ以来の言葉でテクニックの語源にもなっている「テクネー」であろう。ラテン語では「アルス」であり、これが英語ではアートになる。プラトンやアリストテレスは、人間の生き方や国家のあり方に関しても、この「テクネー」という言葉を使っていた。特にアリストテレスは、『ニコマコス倫理学』(第六巻第三章・第四章)で、ミルが示している科学と技術の区別の原型と言えるような区別を行なっている。

(3) 三段論法(演繹的推論)の公式(formula)について、ミルは本書(『論理学体系』第二巻第二章第四節)で、次のように説明している(大関訳、第二巻、四八頁)。

このように考えると、あらゆる三段論法は以下のような一般的公式に収まる。

属性Aは属性Bの指標である。

所与の対象は、Aの指標を有している。

したがって、

この所与の対象は、属性Bを有している。

(4) ミルはここ(『論理学体系』第六巻第一二章)での議論に先立つ第八章で、人間や社会を対象とする科学における「幾何学的方法」を取り上げている。ミルによれば、この方法は、現象を説明したり推測したりするために、その現象を単一の原因からの演繹的推論によって導き出すものである。たとえば、経済学はこの方法を採用している。経済現象でも、国民性や時代の違いなどの環境要因による修正を受けることがありうるが、そうした修正作用は比較的単純であり、経済的利益の追求という単一の原因からの推論の結果を事後的に修正すればよい。したがって、経済学で幾何学的方法を採用するのは妥当である。しかし、政治現象の場合には、最初から非常に複雑な要因が絡み合っていて、幾何学的方法による探求にはなじまない。それに気づかずにこの方法で政治を論じることの問題点を、ミルはここで取り上げているのである。

(5) ベイン『論理学』第一部。Alexander Bain, *Logic*, Part First, Deduction. I(1 ed. 1870). London: Longmans, Green, Reader & Dyer.

(6) コントはこのことを『実証哲学講義』第一巻(一八三〇年刊)で指摘していた。Auguste Comte, *Cours de philosophie positive*, Tome 1, Paris, pp. 68–69. なお、この「中間原理」は、コントの歴史的方法における三段階説との関連でミルが論じている「中間原理(中間公理)」(『論理学体系』第六巻第一〇章)とは区別すべきものであるので、注意が必要である。

(7) ガスパール・モンジュ『幾何学への分析の応用』(一八〇七年刊)。Gaspard Monge, *Application de l'analyse à la géométrie*, 4th ed. Paris: Bernard, 1807. ガスパール・モン

ジュ（一七四六―一八一八年）はフランスの数学者。微分幾何学の開発者。エコール・ポリテクニークの創設者でもあった。コントの指摘は『実証哲学講義』で行なわれている。*Cours de philosophie positive*, Tome 1, p. 68.

（8）「勝手に独り歩きしている知性」は、原文では、ラテン語の *intellectus sibi permissus* という語句が用いられている。これはベーコンの著書で用いられている語句であり、知性が統制されないまま、事実に縛られずに自分勝手に混乱した理論を作り出してしまうことを意味している。以下の邦訳では「自分ひとりに任された知性」と訳されている。フランシス・ベーコン『ノヴム・オルガヌム（新機関）』（桂寿一訳、岩波文庫、一九七八年、四一頁）。

（9）このパラグラフは、一八五一年版（第三版）では、以下の文章に差し替えられていた。しかし、一八五六年版（第四版）以降は元の文章に戻されている。

「これは、私の考えでは、コント氏が論理的に根本において誤っている点である。社会の自然的歴史〔因果関係の理解に徹した歴史〕に関する彼の理論は、それ以前のどんな理論よりもはるかにすぐれており、普遍史〔世界全般の歴史〕の主要な諸事実を説明し関連づけていて学ぶべきところが多い。しかし彼は、社会の自然的歴史の理論が理論的にも実践的にも社会哲学の全体であって、〔実践の〕目的に関する正確な定義や哲学的評価の企ては、有害とは言わないまでも、不要だと考えているように思われる。この点で、従属的位置にあるさまざまな技術からの類推は、誤解を招くことになる。このような技術は、ほとんどの場合、目的を正当化する目立った必要がない。なぜなら、たいていは、誰もその目的を否定したりしないし、目的論の一般原理が呼び出されるのは、その目的と何か他の目的とのあいだで、どちらを優先させるかという問題が生じたときだけだからである。しかし、道徳や政治を扱う論者の場合は、議論を一歩進めるごとに、そうした一般原理がつねに必要になる。ところが、コント氏は、目的論に関する一般理論を提示していない。それどころか、彼は明らかに、社会の現状や今後の見通しについての理論を作り出すことができれば、それ以上になすべきことは存在しない、という確信にもとづいて議論を進めている。それでも彼は、原因のもたらす結果に関する理論を確立することにとどまることなく、いずれも何らかの目的論的な原理を含めることが欠かせないような点で、正しいとか間違っているという判断を自由自在に行なっている。すべての従属的な目的の試金石となる一般的な目的論的基準は、前提とされていない。彼が場当たり的にその時々の事例において訴えている個々の目的論的な考え方は、凡人の場合と同じように、古い時代の道徳や社会の伝統と、自分自身の奇矯な感情が示しているものとの混合——混合の比率は場合ごとにさまざまだが——でしかない。その結果として、社会理論に対してあれほど貢献しながら、実践上の指針を推奨する段になると注目すべき価値が下がってしまう論者は他にいない、と私には思えるのである」

解説

『功利主義』は、一八六一年にイギリスの雑誌『フレイザーズ・マガジン』に連載形式で発表され、その後、一八六三年に一冊にまとめられた本として公刊された。一八六四年には第二版、一八六七年には第三版が出ている。本訳書の底本とした第四版が出版されたのは一八七一年である。ミルは、その二年後の一八七三年に、六六歳で亡くなっている。

『功利主義』は、『自由論』(一八五九年刊)や『代議制統治論』(一八六一年刊)と並んで、成熟期のミルの代表的著作である。これらの三著作に、本訳書の附録に加えた『論理学体系』(一八四三年刊)の一部(ただし、一八五〇年代以降の増補を経たもの)を合わせると、政治や道徳に関するミルの思想のおおよそを見てとることができる。以下では、『功利主義』がこのような重要な位置を占めている点を念頭に置きながら解説を進めていくことにしたい。

ミルが本書を執筆した経緯

『功利主義』については、公刊直後から、実にさまざまな解釈や批判が行なわれてきた。しかし、どのように解釈したり批判したりするにしても、その対象とされているミル自身の議論を理解する努力は欠かせないだろうし、そうした理解のためには、本人の動機や意図を無視することはできない。そこで、まずこの点に注目してみよう。

最初に示しておく必要があるのは、執筆に至る事情である。拙訳『自由論』(岩波文庫、二〇二〇年)の訳者解説でも言及したが、この事情として三つの点をあげておきたい。一つは、ハリエット・テイラーとの結婚をきっかけとした親族や知人との疎隔や社会的孤立である。もう一つは、当時は不治の病だった肺結核に、ミルと妻のハリエットが罹患したことである。さらに、これら二つに加えて、フランスにおける二月革命後のルイ・ボナパルトのクーデタに端的に示されるように、革命の年であった一八四八年のヨーロッパ規模での改革の動きがことごとく挫折に終わり、ミルが近い将来の政治改革の可能性についてかなり悲観的になっていたことも、見逃せない三番目の事情である。以上の三つが相まって、一八五〇年代中頃のミルは、時論的な議論ではなく、文字通り人生の締め切り《デッドライン》を強く意識しながら、知的道徳的な改善という次元で将来に資することができる理論的な著作に取り組もうとしていた。

実際、ミルは妻ハリエットに宛てた手紙（一八五四年二月七日、トロント大学版『ミル著作集』第一四巻、一九七四年、一五二頁）の中で、残された時間の中で取り組むべき主題をリストアップしている。当時のミルが最も重要視していたのは『自由論』の執筆だったが、このリストにFoundation of moralsという主題も含まれていた。当時のミルには、道徳や、さらには人間の行為全般のあり方を評価する際に基礎とすべき効用の原理（功利主義）について、どうしても書き残しておきたいという、強い想いがあったのである。実際、すでに述べたように、『功利主義』の雑誌連載が始まったのは一八六一年、つまり『自由論』公刊の一八五九年からわずか二年後のことであった。

ミルがめざしていたこと

ミルはなぜ、功利主義について一冊の本を書き残そうと思ったのだろうか。意図や目的はいくつかあっただろうが、その中で最も重視していたと思われる点に言及している箇所を引用しておこう。

社会改善の歴史全体が、これまでどういう一連の変化だったかと言えば、社会の存続にとって最も必要だと考えられていた慣習や制度が、次々と例外なく、不正と専制の烙印を押されるところにまで成り下がっていく、という変化だった。奴隷と自由人、領主貴族と農奴、都市貴族と平民といった区別がそうだった。肌の色や人種や性による上下の区別もそうなっていくだろうし、すでに部分的にはそうなっている。(第五章一五七頁)

あいにく、「すでに部分的には」というミルの指摘や期待にもかかわらず、二一世紀の世界においてさえ「肌の色や人種や性による上下の区別」はかなり残っている。不正や抑圧を取り除く必要がこのように続くことは、ミルの考えでは、功利主義に反対する論者たちが言うように道徳の根本的規準が不動不変で、誰もが理性や道徳感覚で即座に認識できるのであれば、ありえないはずだった。改革者であろうとするミルからすれば、道徳の不変性を強弁することは、弊害が現に存在しているにもかかわらず改善を拒み、現状を固守しようとする立場と不可分のものだったのである。

さらに言えば、道徳の根本的規準(第一原理)が普遍的であるなら、どうして、世間の意見ばかりでなく道徳論者の意見ですら一致せず、対立したり衝突したりしているのか、という問題もある。そこでミルは、さまざまな道徳論がどれほど異なる見解を主張しようとも、どれもが、建前はともかく本音のレベルで無視できない点として、社会全般の効用や幸福に着目する。

ミルのこの姿勢には、二つの側面がある。一つは、はっきりとミルの議論の中で打ち出されているのでわかりやすい。つまり、改革を進めるという姿勢から、それを阻むことに利用されがちな道徳理論の矛盾を暴露することである。改革をめざす功利主義に反対する理論でも、どこかで功利主義的な想定に依存しているではないか、それは自己矛盾ではないか、という論法である。功利主義的な想定への依存は、ミルによれば、カントの定言命法にすら存在している（第一章一八頁、第五章一三一―一三二頁）。

しかし、他の理論の矛盾点を指摘し批判するだけでは、効用の原理が正しいものであり、普遍的な原理だと積極的に示したことにはならない。正しさや普遍性をしっかり裏付けなければならない。ミルは、そうした裏付けをあえて「証明」と呼んだ。これに対しては、これまで多くの批判があった。訳者にはそれらの批判について詳細に論評する力はないが、少なくとも、ミルの議論に取って代わるような代案が、人々が共存していく客観的必要性を真剣に受け止めた上で、つまり、主観主義や相対主義に陥らない方向をとりつつ、わかりやすく説得力のある形で出されているようには思えない。

それはともかくも、ミルが言わんとしているのは、幸福や効用は人々の価値判断の中で、建前はどうであれ、実際には大きな役割を果たしているということである。その意味では、たいていの人々は、いわば隠れた功利主義者である。そのおかげで、さまざまな道徳論が対立しながらも、社会は大混乱にまで陥らずに済んでいる。問題の性質上、論理的な証明は不可能だとしても、人々が共存していくために効用の観点が不可欠であることは、明白な事実として証明に準じた説得力を持っている、とミルは考えるのである。こういう見方が、社会全般の幸福や効用をミルが論じている中で表われている二つ目の側面である。

この二つ目の側面に見られる接近方法は、ミルの議論の多くの部分で採用されている。さまざまな議論の共通部分に目を配りながら、ミルがよく使う表現で言えば、それぞれの議論に含まれている部分的真理を総合する、という接近方法である。この姿勢は、多様な分野の議論に見て取れるが、道徳原理をめぐる考察において特に際立っている。

ミルがめざした総合は、もちろん、単純に物事を足して二で割ることではない。それぞれの考え方がどこまでどのように正しいのかを示し、それとともに、どこがなぜ間違っているのかも示す、という形での総合である。サンクションをめぐる議論(第三章)の場合でも、正義をめぐる議論(第五章)の場合でも、そのような議論の進め方になっている。

動機や感情の心理的事実に注目する視角

効用の原理に関するミルの考察は、部分的真理の総合をめざす姿勢を前提にして、二つの基本的な視角から行なわれている。これら二つは密接に絡み合っているが、さしあたり別々に取り上げることにしよう。

第一に、人間の行為の動機や道徳的感情に関する心理的事実に着目する視角である。道徳感情や実践理性を生得的《ア・プリオリ》なものとして前提に置く道徳理論を退けるミルにとって、そうした感情や能力が実際には後天的に形成されている事実を示すことは欠かせない作業だった。

そのためにミルが頼りにしたのは、連想心理学（観念連合論）である。行為の動機の原点には単純な快楽や苦痛がある。複雑な感情や観念が実際の動機になっている場合でも、最初は快楽や苦痛と無関係だったものが、単純な快楽や苦痛との並存が繰り返され習慣化して、それらの快苦と結びつく（連想が形成される）ことで、行為を左右する動機になったのである。言いかえれば、どんな動機でも、道徳感情でさえも、単純な快楽や苦痛という観点からの分析で説明できる、ということである。

知的に早熟だったミルは、すでに一〇代後半には、この理論の信奉者になっていた。しかし、二〇歳のときに経験した「精神の危機」は、こうした心理学的理解に修正を加える転機となった。この修正の結果は、道徳感情に関する第三章の議論や、正義の感情に関する第五章の議論に具体的な形で表われている。

ミルによれば、たとえば、正義の感情は、元々は自分に加えられた危害に報復しようとする感情だったものが、各人の死活的利益の保護という社会全般の利益の観念と結びついて形成されている。報復の感情自体は単純な動物的反応であって、道徳的なものではない。しかし、起源がそうだからといって、形成後の正義の感情も同じというわけではない。ミルは「精神の危機」を経て、そうした捉え方は連想心理学の誤解に由来していると考えるようになった。連想心理学は、道徳感情が後天的に形成されていることを説明しているだけである。分析が示す単純な感情だけで、道徳感情の性質そのものが理解できるわけではない。そう捉えるのは誤った還元論でしかない。連想心理学が有用であるのは、どんな立派な動機にも自己中心的な下心がある、と暴露できるからではない。そうではなくて、たとえば、正義の感情は先天的なものでないと捉えているからこそ、その感情に歪みが生じている場合に、それを直視できるところに真の効用がある。歪みがあるという事実を直視できれば、そうなっている原因や事情を特定した上で、是正策へとつなげることもできるだろう。

あるべきこと(目的)への視角

効用の原理に関する考察のもう一つの視角は、あるべきだ、行為の目的とすべきだという主張が持つ意味に注目する視角である。特に、他人を巻き込むような重要な場面でどう行為するか、どの行為を選択するかは、気分や思いつきの問題であってはならない。恣意的でない目的や選択基準が必要である。それを提供できるのは、ミルの考えでは、効用の原理(最大幸福の原理)だけである。

この主張に対する有力な反対論として、ミルは二つ考えている。第一に、効用は個人の目的なのか、社会あるいは人類全般の目的なのかという点に関連する反対論である。人間が多くの場合、快楽や幸福を求め、苦痛や不幸を避けようとするのは、ありきたりのわかりきった事実である。あえて指示しなくても現にそうなっている事実を、なぜ、あるべきと指示する原理にしなければならないのか。この点を衝いて、功利主義に反対する論者たちは、たとえば、功利主義に対して、個人の卑俗で自分勝手な快楽追求を道徳原理に祭り上げているといった非難を浴びせている。他方、第二の批判として、逆方向からの批判もある。つまり、社会全般あるいは人類全般の利益をつねに意識して行動せよという、ふつうの個人には非現実的で過剰な要求をしている、という批判である。

これらの批判への応答は、サンクションをめぐる議論(第三章)の中で行なわれている。

功利主義以外の道徳でも実際には暗黙の前提になっている点なのだが、功利主義の道徳は、白紙の状態の人間を想定してはいない。人間は、連想心理学の理論を知っていようがいまいが、次世代を育成するときには、自分以外の人間の利益に配慮することを教えてきた。また、法律や世論という外的サンクションも、改善が必要な部分のある社会の場合でも、自らの存続を可能にするために、社会全般の利益や他人の利益を損ねる行為には、それで得られる利益以上の不利益を与えるように機能している。このような不利益があることを人間は学んできている。その結果、自分の利益や不利益を冷静に考えるだけでも、社会全般の利益を尊重する方向に誘導されることになる。

とはいえ、このような場合でも、自分の損得だけを考慮している行為は、本当に道徳的と言えるのかという問題が残る。人が法的刑罰を受けたり社会的非難で自分の社会的地位を失ったりすることをおそれて犯罪行為を控えるのは、それを実行してしまうことよりはよいとしても、品位ある人間として尊敬できることではない。尊敬できるのは、犯罪行為など思いもよらない人であり、そこまでいかなくても、一時の気の迷いから犯罪行為が頭に浮かぶとすぐに不快になって、そういう想いを振り払ってしまう人である。つまり、道徳的義務の感情(良心)のある人である。こういう指摘に対して、ミルは、功利主義の道徳だからといって、良心的自己抑制という道徳的事実があることを無視も軽視もしてはいないと力説する。

この論点は、功利主義に対する第二の有力な反対論にも関係してくる。つまり、社会道徳としての功利主義は、結局はどんなレベルの快楽でも同等にみなし、低レベルの快楽追求を広げることにつながる、という反対論である。これへの応答は、「痩せたソクラテス」の議論としてよく知られている。快楽の質的区別を取り入れて有徳な行為の動機を説明する議論である。

有意義な感情と心理学的決定論

快楽の質的差異に関するミルの議論を、ここであらためてくり返す必要はないだろう。注目しておきたいのは、この質的差異がどのようにして生じてくるのかについての説明である。ミルは、この差異をもたらすものの最も適切な名称は「尊厳の感覚」だと指摘している(第二章三〇頁)。自尊心や意地があるために、目先の低次元の快楽に左右されていては幸福を感じられない人間は存在する。この尊厳の感覚があることは重要な心理的事実であり、それを否定するような道徳理論はない。しかし、こういう有徳な感情で行為を律していると、自分の幸福を犠牲にしたり断念したりすることになる。これは、功利主義に取り込むことができない点だ、という指摘はありうる。これに対して、満足と幸福は混同すべきでないとして、「痩せたソクラテス」の例が出てくるわけである。とはいえ、自分の満足を求めず、他の人々の幸福に貢献することに幸福を感じる有徳な人の場合でも、様々な欠陥や矛盾のある世の中では、自分の努力が自分以外の人々の幸福に必ずしもつながらず、挫折感を持つことも少なくない。そこで、ミルはさらに、この場合でも幸福が意味を持つことを説明するために、得られる範囲の幸福に甘んじるストア派の平静心の例にまで言及することになる(第二章四五―四六頁)。

これについて訳者の素朴な印象をあえて言うと、日常的な語法を大きく超えてまで快楽や幸福という言葉がカバーする範囲をこのように広げることには、多少の無理を感じる。それよりも、質的差異を感じ取る自我のあり方(ミルが道徳的自由の感情と呼んでいるものに関連する自我のあり方)や、ストア派的な諦念にまでたどりつく自我のあり方に注目し、自我のあり方を浅いものや深いものなど重層的に捉える必要があるように思えるのだが、ともあれ、印象論はここまでにしておこう。

むしろ、訳者解説としてここで示しておく必要があるのは、有徳な行為に関するミルのこうした議論が、「であること」(事実)と、「あるべきこと」(当為)との関係をめぐる一般的問題と関連している点である。科学的事実として人間の行動や性格は快楽と苦痛で決定されているとしたら、有徳な行為や性格をめざすべきだという指示は意味を持つのだろうか。科学的事実と望ましい目的とは両立できるのだろうか。

附録・一は、この問題に真正面から取り組んだ議論である。ミルは、決定論が人間や社会の分野でも、望ましい目的をめざすことと両立すると強調し、科学的決定論が誤った宿命論に逸脱しないために、「必然性」という言葉の使用を控えるよう提言している。自分自身の「精神の危機」という痛切な経験も踏まえた上で、人間の向上や社会の改善に欠かせない因果的認識を活かそうとする主張である。

人生の技術と中間原理(二次的原理)

附録・二の主題となっている考察、つまり、科学と技術《アート》との区別や両者の関係に関する考察は、決定論と人間の意志とが両立可能だという、附録・一の議論を前提に行なわれている。ミルは、人間がよりよい人生を送るための技術に注目し、その中に組み込まれる目的論との関係で効用の原理を取り上げている。

この考察の中で、非常に重要な位置を占めているのは、本書でもしばしば言及されている中間原理(二次的原理)という概念である。それは、正義にかかわる行為の規則や、そうした規則を支え、その遵守を促す正義の感情に関する議論の中で、決定的な役割を果たしている。ミルによれば、正義は道徳の中で重要な地位を占めてはいるが、それでもなお、第一原理である効用の原理に従属する二次的原理と見るべきである。狭い意味での道徳、つまり、自分以外の人々や社会全般の死活的に重要な利益にかかわる領域を律するものという意味での道徳において、正義が実際に決定的な役割を果たしている事実、そして理念的にもそうであるべきことをミルは認める。しかし、死活的な利益の保護と正義の規則の貫徹とのあいだで、深刻なジレンマが生じることもある。たとえば、人質をとって立てこもっている犯人から人質の生命を守るために、犯人の要求に従い、超法規的措置として、投獄されている仲間を釈放するといった場合である。こういう場合には、利益の比較考量という観点からの判断をせざるをえない。緊急時の独裁という、政治における難問(マキアヴェリが真正面から取り上げた種類の問題)の場合も同様である。状況ごとに行なわざるをえない判断であるために、単純明快な規則を作っておくことはできないが、決定の理由は欠かせない。そうした理由は社会全般の効用以外にありえない、とミルは考える。つまり、効用が第一原理であり、正義は二次的原理だ、ということになる。

さらに言えば、自分以外の人々や社会全般の利益には、危害を防止するという消極的な利益ばかりではなく、いっそうの利益を積極的に増進することも含まれるはずである。正義は特別な場合を除いて、こういう積極的な行為の義務づけをしない。慈善の行為であれば、人々の自発性が大きな価値を持つから、かえって義務として強制しない方が望ましい。積極的な慈善が根拠とすべきなのは、正義という二次的原理ではなく、効用という第一原理か、あるいはそれにもとづいた二次的原理としての慈善行為に関する原理ということになる。

このように、ミルは正義以外の中間原理も考えていて、それらを含んだ様々な技術を、人生の技術と総称した。素描にとどまり詳細は今後の課題とされているものの、こうした議論からは、狭い意味での道徳に限らず、人間の行為全体を念頭に置いて、ミルが効用の原理を考えていたことが、あらためて確認できる。

ミルの考察と現代的課題

できあいの答えを見つけて借用すれば、それで当座の必要が満たされる場合もあるかもしれない。しかし、自分自身で問題を解決する力を鍛えることにはつながりにくい。訳者が折あるごとに強調してきたように、古典を読む場合も同様である。他方、答えではなく答えに先行している問いを探すことは、自分自身で考えることを鍛える点で大いに役立つ。問いを探るには、相手を理解しようとする努力が必要になる。そのおかげで、答えを求めて前のめりになっている限りでは自分の主観的な関心に縛られて見えなかったことが、見えてくる。特に人間や社会に関わる問題の場合に言えることだが、シャープな答えであればあるほど、目前の状況としっかり嚙み合っているから、そのためにかえって、状況に大きく規定されていることも理解できるようになる。しかし、そのように規定されながらも、古典と呼ばれるものは、問いかけが深く本格的で普遍性のあるものになっているので、こちらの関心の狭さや盲点を気づかせる力を持っている。そうした機会を生かして自分を相対化することが、思い込みではなく本当の意味で、自分で考えることの基本だと言えるだろう。

本書でも、ミルは鋭い問いかけによって、あたかも、われわれに宿題を出しているかのようにも見える。それがどんな宿題であるのかは、読者自身の探求に委ねられているが、参考までに、訳者自身が宿題と受け止めている問題を三点だけあげておこう。

一つは、快楽の質的差異をめぐる問題である。訳者が学生時代にはじめて『功利主義』を読んだとき、多くの点で納得したり共鳴したりしたが、「痩せたソクラテス」の議論には強烈なエリート主義を感じ、どうしても馴染めなかったことを覚えている。今回の訳業を経て、自分が以前以上に、かなりの程度、隠れた功利主義者になっていることに気づかされたが、それでもなお、快楽の質的差異の議論には残された課題があるように感じた。『自由論』で自由の価値を訴える場合も同じだが、ミルは快楽の質的差異という問題でも、わかってもらえないこと自体が問題でもある重要なテーマだ、という見方を前提に議論を進めている面がかなりある。快楽の質的差異は、経験してわかっている人間にはわかっていると言って突き放してしまわずに、テーマの重要性を、多くの人々が心の底で実感していることと関連付けて訴えるには、どうしたらよいのか、これが残された宿題であるように思える。たとえば、快楽の質的差異を強調するよりも、それぞれの快楽につながる行為領域(そういう発想はミル本人にもある)を、複数の中間原理の守備範囲の問題として捉え直してみたらどうだろう、などと訳者は思っている。

二つ目は、その中間原理の重要性と、中間原理の中に事実認識として組み込まれているものの必要性を、あらためて考えてみるという宿題である。第一原理としての効用の原理がいくら重要だと言っても、それが評価基準として実際に機能するのは、一つの中間原理の妥当性や重要性を評価したり、複数の中間原理のあいだで優先順位をつけたりする局面に限られている。しかも、非常に重要でミルも注意を喚起している点であるが、抽象的な第一原理から、より具体性のある中間原理を演繹的に引き出してくることはできない。第一原理の専門的研究者だからといって、それ自体の資格で、立法や政策の専門家になれるわけではない。その意味では、中間原理あっての第一原理なのである。しかも、人間の行為や社会が複雑になればなるほど、そうした中間原理は多様化し多層化していくにちがいない。二〇世紀になってから注目され始めた生命倫理や環境倫理のことを思い浮かべればよい。さらにまた、事実認識を必須の要素としている技術という観点からは、生命や地球環境に関する科学的知見が欠かせないことも明らかである。間違いなく、多くの人々が手分けして取り組まなければならない宿題が山積している。

最後の一つも、現状と関連する切迫した問題である。効用の原理は、社会全般にとっての効用を価値判断の最終基準としているが、その場合の「社会全般」の広がりの問題である。この広がりを一つの国に限定してよいのだろうか、これは観念的なコスモポリタニズムの問題ではなく、地球温暖化のもたらしている深刻な自然災害や感染症のすさまじい拡大に示されるように、世界規模のさしせまった共通問題である。自国ファースト路線は論外としても、「持続可能な発展」という考え方に見られるように、一つの社会にとっての効用を全否定するのではなく、二次的原理として扱いながら、地球規模の効用と折り合わせていく道筋は考えられないものだろうか。

具体的な人間観察にも注目を

訳者としては、訳文もこの解説も、できるだけ平明になるよう努めてきたが、それでもやはり、本書の議論自体がかなり抽象的で難解なのは否めないだろう。特に、この種の道徳哲学の議論にはじめて向かい合った読者にとっては、そのように感じられたかもしれない。

それでも敬遠せずに向かい合ってみるのはよいことだ、と言うだけでは不親切だろう。そこで、つけ加えて言うと、抽象的議論に馴染めない読者にとっても(もちろん、馴染める読者にとっても同じだが)、本書の随所に見られる「モラリスト」と呼ばれる思想家たちに共通する細やかで深い人間観察には、思い当たる節があると実感できるのではないだろうか。たとえば、訳者の場合で言うと、加齢による人生や世の中に対する関心の衰退を取り上げている箇所などは、身につまされる想いがする(第二章三二頁、三九―四〇頁)。

ここで言う「モラリスト」とは、月並みな道徳的説教を単調に繰り返す人、という意味ではない。そうではなくて、人間の道徳的向上を強く望みながらも、それとともに、場合によってはそれ以上に、人間の愚かさや弱さやずるさを直視して、道徳的な劣化を防ぐことに注意を払う人のことである。ミルもそうした思想家の一人である。だから、抽象的な議論もさることながら、ミルが具体的に、人間の弱点をどうとらえ、どう克服しようとしているのかを読み取ることができれば、それだけでも、古典としての本書の効用は大いに発揮されたと言えるだろう。

本書の邦題について

長い解説になってしまったが、最後に本書の邦題について一言。本書の翻訳を引き受けたとき、訳者の頭を最初によぎったのは、本書のタイトルをどうするかという問題だった。「功利主義」という訳語をタイトルにしてよいのだろうか、ということである。この言葉に対する誤解とか、無理解と表裏一体の先入見がミルの時代のイギリスでも強かったことは、ミル自身が本書でも語っているが、同じことは、現在の日本についても言えるからである。いや、当時のイギリス以上ではないかとすら思える。実際、英語圏で功利主義の立場にあると自認する論者の数にくらべると、日本ではごく少数に限られている。ここまで冷遇されている言葉を使ってよいのだろうか。一般の読者は興味を持って訳書を手にしてくれるのだろうか、と懸念したわけである。

一方、どの辞書を引いてみても、「ユーティリタリアニズム utilitarianism」の訳語として先頭に来ているのは、「功利主義」である。本書の先行訳でも、『功利主義論』とか『功利主義』となっている。訳者自身も、これまでミルを研究した本や論文を書いたときには、『功利主義論』としていた。

今回は思い切って、「効用主義」という代案はどうだろうなどと考えたが、結局は

「功利主義」に落ち着いた。別の訳語に変えれば、それだけで冷遇という事態が変わるとも思えない。まずは、できるだけわかりやすい翻訳になるように努めて思想の内容を紹介し、それによって「功利主義」という言葉への無理解や誤解を少しでも軽減していくしかない、と考えたわけである。ただし、類語である「ユーティリティ utility」の訳語としては、内容理解を促進するという趣旨に即して、しばしば用いられている「功利・功利性」ではなく、「効用」を用いることにした。

信奉者だと自称する人がほとんどいないという点で、功利主義とよく似ているのは、マキアヴェリの思想の場合だろう。どちらも、いかがわしいものと思われているためである。しかし、この共通点の他に、興味深く思える別の共通点もある。つまり、自分はそうではないと否定しながら、どこか本音の部分で、マキアヴェリ主義者だったり、功利主義者だったりする人が、かなりいそうだということである。ミルも、功利主義について同じことを感じていた。道徳理論や政治哲学の多くは、社会全般の効用という発想で考えているところがどこかにある。それを当時の読み手に気づかせることが、本書の重要な作業の一つだとミルは考えていた。これは、訳者が解説を進めていく中で、明らかにしたかった点でもある。

『代議制統治論』『自由論』に続けて、『功利主義』の翻訳を勧めてくださった岩波書店編集者の小田野耕明さんには、今回も大変お世話になった。「仏の顔も三度」という言葉があるぐらいだから、仏様とはほど遠く、迷惑をかけどおしの凡俗の訳者には、ほとほと愛想が尽きたのではないだろうか。ともかく感謝あるのみである。また、コロナ禍以前から、定年退職後はほとんど家に引きこもっている訳者を、日々変わることなく心身両面で支えてくれている妻・理恵にも、心から感謝したい。

関口正司

二〇二一年三月

た・な　行

は　行

ま・や・ら　行

索　引

功利主義《こうりしゅぎ》　J. S. ミル著

2021年5月14日　第1刷発行
2024年5月7日　第5刷発行

訳　者　関口正司《せきぐちまさし》

発行者　坂本政謙

発行所　株式会社　岩波書店
〒101-8002　東京都千代田区一ツ橋2-5-5

案内　03-5210-4000　営業部　03-5210-4111
文庫編集部　03-5210-4051
https://www.iwanami.co.jp/

印刷・理想社　カバー・精興社　製本・中永製本

ISBN 978-4-00-390004-8　　Printed in Japan

読書子に寄す

――岩波文庫発刊に際して――

岩波茂雄

真理は万人によって求められることを自ら欲し、芸術は万人によって愛されることを自ら望む。かつては民を愚昧ならしめるために学芸が最も狭き堂宇に閉鎖されたことがあった。今や知識と美とを特権階級の独占より奪い返すことはつねに進取的なる民衆の切実なる要求である。岩波文庫はこの要求に応じそれに励まされて生まれた。それは生命ある不朽の書を少数者の書斎と研究室とより解放して街頭にくまなく立たしめ民衆に伍せしめるであろう。近時大量生産予約出版の流行を見る。その広告宣伝の狂態はしばらくおくも、後代にのこすと誇称する全集がその編集に万全の用意をなしたるか。千古の典籍の翻訳企図に敬虔の態度を欠かざりしか。さらに分売を許さず読者を繫縛して数十冊を強うるがごとき、はたしてその揚言する学芸解放のゆえんなりや。吾人は天下の名士の声に和してこれを推挙するに躊躇するものである。このときにあたって、岩波書店は自己の責務のいよいよ重大なるを思い、従来の方針の徹底を期するため、すでに十数年以前より志して来た計画を慎重審議この際断然実行することにした。吾人は範をかのレクラム文庫にとり、古今東西にわたって文芸・哲学・社会科学・自然科学等種類のいかんを問わず、いやしくも万人の必読すべき真に古典的価値ある書をきわめて簡易なる形式において逐次刊行し、あらゆる人間に須要なる生活向上の資料、生活批判の原理を提供せんと欲する。この文庫は予約出版の方法を排したるがゆえに、読者は自己の欲する時に自己の欲する書物を各個に自由に選択することができる。携帯に便にして価格の低きを最主とするがゆえに、外観を顧みざるも内容に至っては厳選最も力を尽くし、従来の岩波出版物の特色をますます発揮せしめようとする。この計画たるや世間の一時の投機的なるものと異なり、永遠の事業として吾人は微力を傾倒し、あらゆる犠牲を忍んで今後永久に継続発展せしめ、もって文庫の使命を遺憾なく果たさしめることを期する。芸術を愛し知識を求むる士の自ら進んでこの挙に参加し、希望と忠言とを寄せられることは吾人の熱望するところである。その性質上経済的には最も困難多きこの事業にあえて当たらんとする吾人の志を諒として、その達成のため世の読書子とのうるわしき共同を期待する。

昭和二年七月